Einleitung

Seit einem Vierteljahrhundert ermittelt eine repräsentative Umfrage der *R + V-Versicherung* die Ängste der Deutschen. Anfang der 90er-Jahre sorgten sie sich noch um ihre Gesundheit und die Rente. Wenig später fürchteten sehr viele Bürger, arbeitslos zu werden. Doch inzwischen spielen diese persönlichen Themen kaum noch eine Rolle, aber die Angst hat dennoch zugenommen. 73 Prozent der Deutschen haben große Angst vor Terrorismus, 68 Prozent vor politischem Extremismus, 67 Prozent vor zusätzlichen Spannungen durch den Zuzug von Ausländern und 66 Prozent vor einer Überforderung der Deutschen bzw. Behörden durch den Asylbewerberansturm.

Die Ergebnisse dieser Studie wurden veröffentlicht, als – abgesehen vom Vorwort – die Arbeit an diesem Buch über den vertagten Bürgerkrieg bereits abgeschlossen war. Wir könnten dies als Bestätigung unseres eigenen Problembewußtseins interpretieren, doch es ist etwas komplizierter: Die Ängste der Deutschen sind zum einen das Resultat tatsächlicher, realer Bedrohungen, die nicht länger totgeschwiegen werden können. Zum anderen zeigt der hysterische Ton, den die Deutschen zur Kommunikation ihrer Ängste nutzen, eine noch viel größere, hinter den tatsächlichen Bedrohungen liegende Schwierigkeit. Die Deutschen sind nicht in der Lage, die erkannten politischen Herausforderungen zu lösen, weil sie bisher weder eine angemessene Sprache gefunden haben, darüber zu debattieren, noch die Vitalität besitzen, ihre Lebenswünsche gegenüber der politisch-medialen Klasse durchzusetzen.

Die Gefahr ist deshalb sehr groß, daß die Probleme des Terrorismus, der Überfremdung, des Extremismus und der mangelhaften politischen Repräsentation der natürlichen Interessen der Deutschen ohne echte Lösungen vertagt werden und das gesellschaftliche Chaos dadurch in den nächsten Jahrzehnten weiter anwächst. Diese ständige Verschleppung von Konflikten läßt sich aus unserer Sicht nur überwinden, wenn man die totalitären Elemente der »progressiven«, westlichen Ideologie und der Staaten, die eine multikulturalistische Weltgesellschaft anstreben, erkennt. Deshalb haben wir dieses Buch geschrieben. Es ist eine eindringliche Warnung vor allen harten und sanften Ausprägungsformen der totalitären Moderne. Wir lehnen die Totalitarismen aller Couleur – ganz gleich, ob rot, braun, grün oder bunt – ab. Eine Gesellschaftsreform, die nur einzelne totalitäre Elemente austauscht, ist deshalb keine. Die Revolution des 21. Jahrhunderts besteht darin, den Totalitarismus der Moderne abzuschütteln.

(Felix Menzel)

Über die Autoren

I Felix Menzel

Felix Menzel wurde 1985 in Karl-Marx-Stadt (heute: Chemnitz) geboren. 2005 bis 2010 studierte er an der Martin-Luther-Universität Halle-Wittenberg Medien- und Kommunikationswissenschaften, Betriebswirtschaftslehre und Politikwissenschaft. Seitdem freier Publizist. Mehr zu seinen bisherigen Büchern findet sich auf *nonkonform-denken.de*.

II Pierre Aronnax

Jahrgang 1987, Student der Psychologie. Journalistisch tätig für das Onlinemagazin *BlaueNarzisse.de* und den Blog *Einwanderungskritik.de*.

Der vertagte Bürgerkrieg. Frieden, Brutalität und Chaos in der totalitären Moderne

WARUM ES NICHT KRACHT, OBWOHL ES KRACHEN MÜSSTE

von Felix Menzel

Despotismus und Auflösung

Eigentlich müßte Deutschland kurz vor dem Bürgerkrieg stehen. Dem einfachen Volk gelingt es nicht mehr, den Machthabern auf demokratischem Wege mitzuteilen, welche Interessen sie vertreten sollen. Einwanderungskritische Parteien wie die AfD und Bürgerbewegungen wie PEGIDA dürfen bei der Entscheidungsfindung des politisch-medialen Establishments nicht mitmischen. Vielmehr werden sie konsequent mit dem Nazivorwurf diffamiert und haben keine Chance, mit noch so klugen Argumenten etwas auszurichten. Dies sorgt für eine gefährliche Repräsentationslücke, denn diejenigen Deutschen, die den Umbau der Bundesrepublik in einen Vielvölkerstaat ablehnen, können sich nur insofern politisch mitteilen, daß sie reden dürfen, aber es hört niemand auf sie. In einer solchen Situation bleibt den Betroffenen nur die Wahl zwischen der vorübergehenden Akzeptanz der eigenen Wirkungslosigkeit und Gewalt. Wer mit den eigenen Unmutsbekundungen nur auf Häme und Ignoranz stößt, der muß – eigentlich – die Faust ballen und zuschlagen, um überhaupt verdeutlichen zu können, was für ihn als lebensnotwendig erscheint.

Hinzu kommt die Fragmentierung unserer Gesellschaft, die jeden gesamtgesellschaftlichen Zusammenhalt unmöglich macht. Es gibt weder einen Konsens unter den Deutschen selbst, wohin ihr Staat in den nächsten Jahrzehnten steuern soll, geschweige denn eine zumindest ungefähre, gemeinsame Vorstellung von der Zukunft, die von den einzelnen Zuwanderergruppen, die ständig wachsen, aber kaum integriert sind, geteilt wird. Normalerweise müßte es deshalb in den Fernsehdebatten und Feuilletons dieser Republik um die schwierige Frage gehen, wann die ersten politischen, sozialen oder ethnischen Formationen ihren Lebensentwurf kompromißlos durchsetzen wollen, ohne länger auf die demokratischen Institutionen zu vertrauen. Doch die Öffentlichkeit setzt auf die Passivität und Müdigkeit der eigenen Bürger. Die Hoffnung, alle noch so unterschiedlichen und zerstrittenen Gesellschaftsgruppen mit der Aussicht auf die staatlich abgesicherte Befriedigung der eigenen Konsumbedürfnisse zu zähmen, ist dabei nicht aus der Luft gegriffen. Die letzten Jahrzehnte zeigen, daß dieses Modell solange funktioniert, wie die Mehrheit der Gesellschaft in der Lage ist, es – notfalls mit Schulden – zu finanzieren. Von einem vertagten Bürgerkrieg kann daher gesprochen werden, wenn die Voraussetzungen für einen Gewaltausbruch oder eine revolutionäre Situation erfüllt sind, aber die Vitalität im Volk fehlt, diesen Umbruch zu wagen, und jene Minderheiten, bei denen kein Mangel an Vitalität festzustellen ist, nur deshalb die Städte nicht niederbrennen, weil der Staat ihnen großzügig Sozialleistungen zahlt.

Man könnte nun meinen, zu diesem Thema sei bereits genug gesagt worden. Insbesondere im Laufe des letzten Jahres warnten etliche Experten vor dem Ausbruch eines Bürgerkriegs mitten in Europa als Folge der Asyl-Völkerwanderung. Mit den sexuellen Übergriffen durch Nordafrikaner zu Silvester 2015 in etlichen Großstädten mußten dann auch alle Gewaltverleugner zwangsweise aufwachen und zur Kenntnis nehmen, daß die weltoffene Gesellschaft schlagartig ihre häßliche Seite zeigen kann und der Staat vor der Entscheidung steht, kriminelle Ausländer auszuweisen oder ihnen zumindest ihre »Machokultur« abzutrainieren, um den sozialen Frieden zu wahren. Prophetisch wirken da die Ausführungen von Hans Magnus ENZENSBERGER, der 1993 in seinem Essay *Aussichten auf den Bürgerkrieg* auf die schleichende Verrohung hinwies. Er betonte: »Wir machen uns etwas vor, wenn wir glauben, es herrsche Frieden, nur weil wir immer noch unsere Brötchen holen können, ohne von Heckenschützen abgeknallt zu werden.« Er fürchtete die unauffälligen Bürger, »die sich über Nacht in Hooligans, Brandstifter, Amokläufer und Serienkiller verwandeln« und betrachtete den von ihm diagnostizierten »molekularen Bürgerkrieg« als einen endogenen Prozeß, der »jederzeit eskalieren und zum Flächenbrand werden« könne. Wir sollten deshalb auf die stummen Kriegserklärungen, die es in Vierteln wie Berlin-Kreuzberg gebe, achten, riet Enzensberger, denn: »Der molekulare Bürgerkrieg beginnt unmerklich, ohne allgemeine Mobilmachung. Allmählich mehrt sich der Müll am Straßenrand. Im Park häufen sich Spritzen und zerbrochene Bierflaschen. An den Wänden tauchen überall monotone Graffiti auf, deren einzige Botschaft der Autismus ist.« Enzensberger ging davon aus, daß der molekulare Bürgerkrieg von feigen Männern ohne Ideale und Überzeugungen geführt werde. Er überschätzte ihre Rolle jedoch vollkommen und übersah, wann ein Staat von Kriminalität und Terrorismus profitiert und warum er sich vor Zwischengruppenaggressionen, mit denen die Systemfrage verbunden ist, in der Tat fürchten muß. Zugleich machte er einen Fehler, der den meisten Regierungskritikern bei ihrer Analyse unterläuft: Sie konzentrieren sich auf die Schwächen des Staates und vergessen dabei seine Stärken sowie die erfolgreichen Anstrengungen der herrschenden Elite, die eigene Macht ohne echte Problemlösungen zu erhalten.

Wenn es das legalitätsgläubigste Volk der Welt duldet, daß seine Regierung das Recht als Schranke mißachtet und nur noch als Taxi gebraucht, um an ein bestimmtes Ziel zu kommen, so sagt dies sehr viel über die Machtfülle der Regierung und den Unterwerfungswillen des Volkes aus. Nun handelt es sich in Deutschland noch nicht einmal um einen Einzelfall. Nicht nur in der Asylkrise 2015 hat Bundeskanzlerin Angela Merkel das Recht suspendiert, sondern auch schon davor zur Euro-Rettung, nach Fukushima zur Abschaffung der Atomkraftwerke und in der Weltfinanzkrise. Dieser permanente Ausnahmezustand ist ein Zeichen besonderer Macht. Das gilt umso mehr, da diese Macht nicht etwa eingesetzt wurde, um das Volk vor außergewöhnlichen Bedrohungen zu schützen, sondern lediglich um die linksliberale Gutmenschenideologie der Verantwortungsträger in Politik, Medien und Wirtschaft zu bewahren.

Schon immer bestand Staatskunst in der Durchsetzung eines fürsorglichen Dominanzanspruchs. Zu viel staatlicher Zwang führt dabei zu Despotismus und zu geringe Bemühungen um Einheit zu einer Auflösung der Gesellschaft. Im schlimmsten Fall drohen dann anarchische Zustände, die mit Bürgerkrieg gleichbedeutend sind. Die Bürger werden sich gegen beides wehren, weil Despotismus Gewalt von oben und Anarchie Gewalt von unten nach sich zieht. Auf den ersten Blick sind Demokratie, Rechts- und Sozialstaat, Menschenrechte und bürgerliche Freiheiten deshalb die beste Lösung, um diesem Dilemma zu entgehen. Doch auch eine fürsorgliche Demokratie kann die eigene Mitte verlieren und genauso in Richtung Despotismus oder Anarchie kippen. Derzeit deutet sich sogar an, daß beide Tendenzen zeitgleich eintreten können. Der australische Verhaltensforscher Frank SALTER erklärt zum Beispiel schlüssig, warum zu viel Vielfalt eine autoritäre Herrschaft zur unmittelbaren Folge haben muß. Multikulturelle Gesellschaften seien nur mit einem Indoktrinations- und Überwachungsapparat regierbar, weil die Meinungsfreiheit und gegenseitige Diskriminierung in großem Maße eingeschränkt werden müssen, um den Frieden aufrechtzuerhalten. Dies betrifft sowohl die Einheimischen als auch Ausländer. Der Staat muß sie zur teilweisen Aufgabe ihrer Kultur zwingen und ihnen ein »tolerantes« Verhalten vorschreiben, das auf Harmlosigkeit, Identitätslosigkeit und wirtschaftlichem Funktionieren im Gesamtsystem beruht.

Während also einerseits ein multikultureller Überwachungsstaat entsteht, erleben wir zugleich die bewußt vorangetriebene Auflösung aller organisch gewachsenen Lebensstrukturen, damit an die Stelle von Familien und persönlichen Bindungen ein anonymes Abhängigkeitsverhältnis zum Staat tritt, das es diesem erleichtert, den Bürgerkrieg weiter zu vertagen.

Der natürliche Dünger der Freiheit

Um das Sicherheitskonzept der Gegenwart und mögliche Schwachstellen, die zu einem Gewaltausbruch führen könnten, zu verstehen, reicht es nicht aus, nur auf die Fehlentscheidungen der politischen Elite in den letzten Jahren zu schauen. An erster Stelle muß vielmehr die Erkenntnis stehen, daß die modernen Staaten einen Ansatz verfolgen, der für die innere Sicherheit neben Polizei und Justiz vor allem auf »soft power« setzt. Gemeint sind damit vorallem Maßnahmen der Wohlstandssicherung und der Einsatz von Psychotechnologien, die den Menschen zähmen und zivilisieren sollen. Eine solche Strategie ist zunächst absolut zu begrüßen, weil sie präventiv ansetzt. Jedoch zeigen die letzten Jahrzehnte, wie Zähmung und Zivilisierung sukzessive zu einer Lähmung ganzer Völker geführt haben, wodurch es beinahe unmöglich wird, daß sie sich gegen ihre Regierungen bzw. die noch viel breiter aufgestellten Machtapparate des Staates, der Medien und der Wirtschaft wehren können, wenn dies angebracht ist. Die technokratische Logik zur Gesellschaftssteuerung, die Hypermoral und Ideologie der Gewaltverleugnung, wonach jeder Mensch zum Pazifisten erzogen werden könne, haben sich in mehr als 200 Jahren herausgebildet. Diese Entwicklung begann mit der Prämisse der Aufklärung, wonach der moderne Staat nicht mit der gewaltsamen Durchsetzung eines Leviathans entstehen sollte, sondern gerade durch Gewaltenteilung. Nur vordergründig ging es dabei um die Zurückdrängung des Despotismus. Viele Aufklärer suchten aufgrund der fehlenden Widerstandskraft des Ancien Régime und des Bedeutungsverlusts der Kirche nach einer neuen langlebigen und stabilen Staatsform. Hannah ARENDT erklärt in ihrem Buch *Über die Revolution* (1963) ausführlich, wie dies aus Sicht der Aufklärer erreicht werden sollte. Um eine »Stabilisierung der irdischen Verhältnisse« und damit eine Abkehr vom Aufstieg und Fall der Nationen zu erreichen, sollten die Macht des Staates, die Leidenschaften der Bürger und die Vernunft aller sinnvoll ausgeglichen werden. Keineswegs begann das demokratische Zeitalter also damit, daß auf einmal jeder mitentscheiden durfte oder sollte. Arendt war dies so wichtig, weil sie sich darüber ärgerte, wie jämmerlich alle Graswurzelbewegungen in den europäischen Revolutionen seit

1789 scheiterten, obwohl diese stets die besseren, weil bürgernäheren und bodenständigeren, Demokratiekonzepte anzubieten hatten. Letztendlich setzten sich jedoch diejenigen durch, die sich einerseits darauf konzentrierten, die Macht von der Straße aufzusammeln und sich dann ihre Pöstchen zu sichern. Andererseits wußten die neuen bürgerlichen Machthaber, daß sie die wahre Politik, bei der es um Richtungsentscheidungen für die Zukunft des Volkes gehen muß, zugunsten eines weitgliedrigen Verwaltungssystems, das sich in erster Linie um den Wohlstand der Menschen kümmert, ausschalten mußten.

Weder der Staat als Institution an sich noch die Eliten können schließlich ein Interesse an einer dauerhaften Revolution haben, die sowohl in Europa als auch Amerika befürchtet wurde, da sich der Volkswille ständig wandelt. Dies muß jeder Staat selbstverständlich eindämmen, doch darf dabei die Frage nicht untergehen, welchen Preis es hat, dem Volk lediglich eine Illusion von Partizipation zu verkaufen und die Wohlstandsverwaltung zur Ablenkung von essentiellen politischen Entscheidungen in den Mittelpunkt zu schieben. Thomas Jefferson machte sich viele Jahre vor seiner Präsidentschaft Gedanken dazu und fand radikale Worte für das Problem, wie man den wahrhaft demokratischen Geist der Revolutionen erhalten könnte. Er betonte: »Der Baum der Freiheit muß von Zeit zu Zeit mit dem Blut der Patrioten und der Tyrannen begossen werden. Dies ist der Freiheit natürlicher Dünger.«

Unpolitische Ordnung

Vor der Freiheit, die Jefferson meinte, fürchten sich alle modernen Staaten zu Recht und sie rechtfertigen dies mit der allgemein anerkannten Inakzeptabilität der Gewalt. Jede Regierung nutzt dies, um dem Volk ein gewichtiges, »echtes« Mitspracherecht zu verweigern, und setzt damit auf die Müdigkeit der Bürger. Jahrzehntelang kann dies gutgehen. Die Bürger geben sich damit zufrieden, daß der Staat die Sicherheit herstellt und für ausreichenden Wohlstand sorgt, währenddessen sie sich ausschließlich um ihre Privatangelegenheiten kümmern. Die unpolitische Ordnung ist ein Erfolgsmodell. Nur so funktionierte Demokratie bisher. Doch Vorsicht! Eines Tages wird dieses System an Dingen und Vorfällen zerbrechen, an die heute kaum einer denkt. Dann entscheidet sich, ob Deutschland und Europa in stumme Gewalt abrutschen oder es gelingt, durch einen »Heroismus der Vernunft« (Edmund HUSSERL) ein politisches Handeln zu begründen, das zu neuer Stärke, Einheit und Identität führt. Dieser Kampf um unsere Existenz ist bereits in vollem Gange und es spricht viel dafür, daß wir gerade die ersten Jahre erleben, in denen dies auch einer größeren Masse bewußt wird, obwohl die Mehrheit noch immer an die Bewahrung der unpolitischen Ordnung und ihrer eigenen heilen Welt glaubt.

Wer die öffentlichen Debatten in Deutschland verfolgt und diese ernst nimmt, gelangt dagegen zu dem Eindruck, hier finde gerade in den lebensentscheidenden Politikfeldern eine erbitterte Ideologisierung statt. Die Linke, zu der inzwischen auch die restlos sozialdemokratisierte Union zählt, positioniert sich klar für einen erzwungenen Multikulturalismus und eine globalistische Weltgesellschaft. Diese Zielsetzungen werden aber noch nicht einmal von der eigenen Wählerschaft unterschrieben. Vielmehr interessiert sich nur ein kleiner Kreis von Personen aus Politik, Medien und Wissenschaft dafür. Der Rest des Volkes begnügt sich damit, daß dieser Staat ihm Sicherheit und Arbeit garantiert. Unpolitisch ist diese Ordnung also nicht etwa, weil die Eliten sich neutral verhalten, sondern weil die Bürger ein unpolitisches System nachfragen und deshalb fürsorgliche Dominanz angeboten bekommen.

Die unpolitische Ordnung basiert damit auf einer einfachen Arbeitsteilung zwischen dem Staat und seinen Bürgern. Der Staat sorgt für Sicherheit und der Bürger arbeitet, wodurch er über seine Steuern seine eigene Sicherheit finanziert, ohne es selbst bewußt so wahrzunehmen. Solange es eine verbindende Kultur gibt, die jedem Bürger individuelle Freiheit gewährt, spricht sogar sehr viel dafür, die Aufgabe des Staates in genau dieser Weise zu begrenzen. Er sollte mit seinem Gewaltmonopol nach innen befrieden und nach außen wehrhaft gegenüber allen potentiellen Feinden auftreten. Darüber hinaus besteht in der ganzheitlichen, sittlichen Bildung der Staatsbürger seine zweite große Pflicht, denn nur einigermaßen kompetente Bürger können die Übernahme des Staates durch eine verantwortungslos, egoistisch oder inkompetent agierende Elite erkennen und verhindern.

Seit der Etablierung des Sozialstaates wurde nun allerdings die Arbeitsteilung in der unpolitischen Ordnung mehr und mehr aufgeweicht. Zum einen benötigen viele Bürger zum Überleben nur noch einen Bruchteil ihres Einkommens. Den Rest können sie für überflüssigen Konsum ausgeben oder aber diese Luxussituation nutzen, um die eigene Arbeitszeit zu reduzieren, wodurch Zeit für die eigene Familie, politische Betätigung oder andere individuelle Interessen entstehen würde. Zum anderen hat der

Staat seine grundlegendste Aufgabe völlig neu definiert. Sicherheit interpretiert er in zunehmendem Maße als eine Garantie des finanziellen Existenzminimums für jedermann, das er über Umverteilung realisiert. Dadurch wird das Soziale in ein individuelles Konsumgut verwandelt. Solidarität muß sich nicht mehr aus dem gemeinsamen Handeln der Menschen ergeben. Sie wird vom Staat geliefert, so wie man sich eine Pizza über das Smartphone bestellen kann. Negative Auswirkungen, die nicht sofort erkannt werden, hat dies sowohl für den Staat als auch den Bürger. Der Staat entwickelt ein unpersönliches Helfersyndrom und eine Hypermoral, die ihn zu dem Glauben verleiten, er müsse die ganze Welt retten. Der Bürger dagegen begibt sich in eine abstrakte Abhängigkeit hinein und verliert die Wertschätzung für den Sinn der Gemeinschaft, weil er sie nicht mehr braucht.

So langsam naht nun das Ende dieser Entwicklung. In der unpolitischen Ordnung fühlen sich Staat und Bürger gleichermaßen für Alles und Nichts zuständig. Je mehr dabei die »Schutz und Gehorsam«-Vereinbarung durch entgrenzte, anonyme Unterstützungsdienstleistungen ersetzt wird, desto mehr verliert das unsichtbare Volk, die schweigende Mehrheit, die Bindung zum Staat. Einige vom empathischen Zeitalter besonders geprägte Menschen sehen es als ihre Aufgabe an, für das Überleben bestimmter Tiere und Pflanzen zu sorgen. Ein solches Engagement ist natürlich lobenswert, wirkt allerdings grotesk, wenn zugleich die eigene Sicherheit oder die Fortexistenz des eigenen Volkes vernachläßigt werden. Der Staat agiert ähnlich: Während er sich akribisch um bestimmte Minderheiten kümmert, fällt es ihm aufgrund eigener Nachlässigkeit schwer, an den Bahnhöfen und in öffentlichen Schwimmbädern Recht und Ordnung durchzusetzen. Unpolitisch ist diese Gesellschaft also, weil sie keine gemeinsamen Vorhaben mehr hat, die alle zusammen anstreben. Die Mehrheit des Volkes hat das Bewußtsein verloren, was es an verbindenden und trennenden Dingen gibt. Jeder ist deshalb auf sich selbst gestellt, kümmert sich um seine eigenen Interessen und Privatangelegenheiten und erwartet vom Staat lediglich die Herstellung der Sicherheit, worunter er seine eigene körperliche Unversehrtheit sowie ein erträgliches Existenzminimum in Notlagen versteht.

Totalitäre Moderne

Auf den ersten Blick hat die unpolitische Ordnung zu einer enormen Befriedung der westlichen Demokratien geführt. Die Bürger haben gelernt, daß Gewalt keine Lösung sein darf, und der Staat unternimmt alles in seiner Macht Stehende, um über die geschaffenen Räume des Rechts hinaus Bedingungen zu schaffen, die Gewalt unattraktiv und überflüssig machen. Der Sozialstaat vermeidet das Abrutschen größerer Gruppen in echte Armut. Die Medien bieten eine Arena, in der man sich mit Worten duellieren kann und wo jeder den Kick der Gewalt nachempfinden kann, ohne selbst zuschlagen oder töten zu müssen. Schließlich ist auch die gesamte vom Staat unterstützte und zum Teil finanzierte Sozialindustrie darauf ausgerichtet, die Erfahrung von Ungerechtigkeit, Ausgrenzung und Unfairneß zu minimieren, damit möglichst wenige enttäuschte Bürger die eigene Schmerzgrenze erreichen, bei der sie sich sagen: »Jetzt löse ich dieses Problem mit Gewalt.« Das Entstehen von politischen Zwischengruppenaggressionen wird ebenfalls schon im Keim erstickt, indem durch moderne Psychotechnologien sowohl das selbstbewußte, heroische »Ich« als auch das »Wir«, die Kraft des verbindenden Handelns sich als Gemeinschaft fühlender Menschen, zerstört und in einem »Man« aufgelöst wurde. Statt seine Interessen durchzusetzen, sagt der Bürger lieber zum Nachbarn über den Gartenzaun »Man müßte mal ...« und setzt sich danach wieder vor den Fernseher, um sich an der Sportschau und Leistungsfähigkeit der Anderen zu berauschen. Diese Konditionierung geht mittlerweile soweit, daß davon selbst die fundamentale »Schutz und Gehorsam«-Vereinbarung überrollt wird. Wenn die eigene Sicherheit bedroht ist, vollführt der unpolitische Bürger zunächst Ausweichbewegungen und betrachtet sie damit ebenfalls als Privatangelegenheit, die notgedrungen und ausnahmsweise einmal übernommen werden muß. Gehorsam ohne ausreichenden Schutz scheint in der Bundesrepublik zumindest solange zu funktionieren, wie die Mehrzahl der Bürger dieses Defizit durch selbst finanzierte Ausweichbewegungen kompensieren kann. Während es ein Staat bei wirtschaftlicher Not seiner Bürger sofort zu spüren bekommt, wenn er keinen Schutz mehr gewährleisten kann, zieht der Wohlstandsmensch lieber 30 Kilometer aufs Land hinaus, schenkt der eigenen Tochter heimlich ein Pfefferspray und vermeidet den Besuch des Schwimmbades. Ernüchterung macht sich breit, aber zur Wehrhaftigkeit dürfte es nur in den seltensten Fällen kommen, weil die Bürger davon ausgehen, sie könnten an der Gesamtsituation »eh nichts ändern«, wie sie es ihren Freunden zuraunen.

Gegen Ende des 19. und am Anfang des 20. Jahrhunderts haben sozialistische und kommunistische sowie faschistische und nationalsozialistische Bewegungen alles versucht, um die Bürger für ihren ideologischen Kampf zu mobilisieren. Heute geschieht in der westlichen Welt genau das Gegenteil: Die Regierungen und bürgerlichen Parteien demobilisieren die Bürger mit allen zur Verfügung stehenden Mitteln der »soft power«, damit diese weiterhin ihrer angeblich ideologiefernen Politik der Sachzwänge folgen, ohne auch nur darüber nachdenken zu müssen, ob es vielleicht Alternativen gibt.

Daß dies ebenfalls eine sanfte, totalitäre Strategie ist, erkennt, wer sich mit den »Elementen und Ursprüngen totaler Herrschaft« (Hannah Arendt) beschäftigt. Arendts Totalitarismustheorie besticht insbesondere bei der Herausarbeitung der sozialen Ursachen, die zum Nationalsozialismus in Deutschland und Bolschewismus in Rußland geführt haben. Sie benennt dabei den Zusammenbruch der Klassengesellschaft, das Aufweichen von Hierarchien sowie den Bedeutungsverlust des Nationalstaates und seines verbindlichen Identitätskonzeptes. Die dadurch ausgelöste Orientierungslosigkeit führe zu einer Leere im Menschen, die er nicht selbst mit einer neuen Lebensaufgabe beseitigen könne. Zugleich finde eine »Revolte der Massen gegen den Wirklichkeitssinn des gesunden Menschenverstands« statt, zu der es nur aufgrund dieser Atomisierung und Herauslösung aus allen organisch konstruierten Gemeinschaften kommen konnte. Dies nun wiederum eröffne totalitären Bewegungen die Möglichkeit, eine »Lügenwelt der Konsequenz« heraufzubeschwören, »die den Bedürfnissen des menschlichen Gemüts besser entspricht als die Wirklichkeit selbst, eine Welt, in der die entwurzelten Massen mit Hilfe der menschlichen Einbildungskraft sich erst einmal einrichten können und in der ihnen jene ständigen Erschütterungen erspart bleiben, welche wirkliches Leben den Menschen und ihren Erwartungen dauernd bereitet«.

Auf diese »Etablierung einer den Tatsachen entgegengesetzten, ganz und gar fiktiven Welt« setzen die heutigen Eliten ebenfalls und man muß Arendt dankbar dafür sein, daß sie in ihrer Analyse bereits auf die Anfälligkeit von Demokratien für totalitäre Elemente hinwies. Den entwurzelten Massen präsentiert die politisch-mediale Klasse derzeit auf allen Kanälen eine kunterbunte, sich im Entstehen befindliche Weltgesellschaft der Vielfalt, die ohne Krieg und Gewalt auskommen könne, wenn man jetzt noch ein allerletztes Mal gegen die verbliebenen »Schurkenstaaten«, die »Achse des Bösen« sowie unbelehrbaren Ewiggestrigen sowohl in der bereits zivilisierten Welt als auch in den sich angeblich auf das ausgerufene Endziel zubewegenden »Entwicklungsländern« vorgeht. Krieg und Gewalt lassen sich jedoch niemals abschaffen. Dies ist eine Fiktion. Sie können nur durch Räume des Rechts sinnvoll eingehegt und damit beherrschbar gemacht werden, womit zugleich die Kernaufgabe des Staates umrissen ist.

Im Hinblick auf die europäische Flüchtlingssituation ihrer Zeit merkte Arendt zudem an, die »globale, durchgängig verwebte zivilisatorische Welt« produziere »Barbaren aus sich selbst heraus«, die kaum noch nach Recht und Gesetz behandelt werden könnten, sondern die Staaten regelrecht dazu zwingen würden, nach Lösungen jenseits der Legalität zu suchen. Die Menschenrechte jedenfalls würden sich als völlig untauglich erweisen, den drohenden Rückfall in den grausamen Naturzustand aufzuhalten, in dem der Stärkere gewinnt. Wenn nun heute Bundeskanzlerin Angela Merkel der Meinung ist, das Recht ignorieren zu dürfen, weil sie moralisch etwas Gutes tue, indem sie massenweise tatsächliche Flüchtlinge und illegale Einwanderer ins eigene Land läßt, so gelten die analytischen Befunde von Hannah Arendt unter kaum vorstellbaren Voraussetzungen weiterhin. Zu befürchten ist, daß die Machbarkeitsutopie und der Größenwahn der Bundesregierung die Rückkehr der Gewalt provoziert, wobei dies den normalen, unpolitischen Deutschen irgendwann in naher Zukunft besonders hart und unvorbereitet treffen dürfte. Geprägt von der eigenen Flucht vor der Wirklichkeit, der Erziehung zum Pazifisten und den Versprechungen der Regierung, es werde eine friedliche, tolerante Ordnung, in der sich alle liebhaben, errichtet, hält er ausgelebte Zwischengruppenaggressionen ebenso für unmöglich wie das damit verbundene Aufkommen der Systemfrage.

Die Gewaltlosen

Trotz völlig unterschiedlicher Ausprägungsformen hat sich an den Grundbedingungen der totalitären Moderne in den letzten zwei Jahrhunderten wenig geändert, weil der Ursprung jeder Form des Totalitarismus das Zerbrechen der organisch konstruierten, sozialen Beziehungen der Bürger ist. Hinzu kommt ihr immer abstrakter und virtueller werdendes Verhältnis zum Staat, der seinen Schutzauftrag zugleich aufgeweicht und ausgeweitet hat. Die Aufweichung besteht in der inkonsequenten Durchsetzung des Gewaltmonopols. Ausgeweitet wurde der Schutzauftrag dagegen dahingehend, daß der Staat zu Überwachungs- und Sicherheitstechnik, der finanziellen Grundsicherung der Bürger, Verweiblichung und anderen psychologischen Maßnahmen, insbesondere »Nudging«, greift.

Sowohl was die Wirksamkeit dieser Maßnahmen für das Individuum als auch für die Staatenwelt angeht, scheint die Statistik ihren Einsatz zu rechtfertigen. Zwar nimmt seit 1945 laut dem Heidelberger Institut für Internationale Konfliktforschung die Zahl der gewalttätigen Auseinandersetzungen genauso zu wie die Bevölkerung, dennoch nimmt die Wahrscheinlichkeit, Opfer eines Mordes oder Kriegstoter zu werden, seit Jahrhunderten ab. Dem Evolutionspsychologen Steven PINKER zufolge ist ein kontinuierlicher Rückgang der Gewalt pro Einwohner im Privatleben (Abschaffung der Prügelstrafe), der Öffentlichkeit als auch zwischen Staaten zu konstatieren. Dies gilt trotz des Europäischen Bürgerkrieges von 1914 bis 1945 sogar für das 20. Jahrhundert. Gemessen am Verhältnis von Opferzahl und Weltbevölkerung kommt der Zweite Weltkrieg in der Rangliste der blutigsten Kriege nur auf Rang neun. Auf Platz eins liegt der chinesische An-Lushan-Aufstand aus dem achten Jahrhundert. Platz zwei nehmen die mongolischen Eroberungen im 13. Jahrhundert ein. Unabhängig davon, ob alle angenommenen Opferzahlen tatsächlich stimmen und die hier aufgelisteten Kriege und Massaker einander wirklich in irgendeiner Weise ähneln, muß doch eine Erkenntnis herausgestellt werden, zu der auch andere, um Objektivität bemühte Historiker gelangt sind: Die Einführung der Gaskammern, der enorme Technisierungssprung des Krieges sowie moderne Massenvernichtungswaffen sind keineswegs die Voraussetzung für das massenweise Töten. Dazu haben Menschen auf allen Kontinenten zu allen Zeiten Mittel und Wege gefunden. Wenn die Täter keine

Rache fürchten mußten, mordeten sie – ganz gleich, welche Werkzeuge dazu zur Verfügung standen.

Es ist auch keineswegs so, daß sie zu Gewalt griffen, um irgendwelche Ungerechtigkeiten oder Ausgrenzungen zu überwinden. Im Gegenteil: Um ihr Revier mit ihrer Gruppe zu behaupten, waren sie stets bereit, unfaire Konfliktsituationen gnadenlos auszunutzen und danach den Feind zu demütigen. Der Mensch hat eben eine angeborene Vorliebe für gewalttätige Bündnisse. Aggressionen stauen sich auch nicht auf und müssen sich dann von Zeit zu Zeit entladen. Sie sind immer da und werden in entsprechenden Räumen und Situationen ausgelebt. Von Dschingis Khan sind so folgende Sätze überliefert: »Die größte Freude, die ein Mann kennen kann, ist die, seine Feinde zu besiegen und vor sich her zu treiben, ihre Pferde zu reiten und ihnen ihren Besitz wegzunehmen. Zu sehen, wie die Gesichter derer, die ihnen lieb waren, mit Tränen bedeckt sind, und ihre Frauen und Töchter selbst in den Armen zu halten.« Bis heute hat sich dies nicht geändert. Weshalb dies so ist, hat der Psychologe Richard Tremblay erklärt, der davon ausgeht, daß sich der Mensch im Alter von zwei bis drei Jahren am gewaltaffinsten verhält. »Babys bringen sich gegenseitig nicht um, weil wir ihnen keine Messer und Pistolen geben«, betont er. Nicht Konflikte und erlebte Aggressionen machen den Menschen also gewalttätig. Er ist von Natur aus gewalttätig und jederzeit bereit, in entsprechenden Situationen zuzuschlagen. Es kommt also darauf an, diese natürliche Gewalttätigkeit durch den Aufbau von Institutionen und Strafen einzudämmen.

Der wichtigste Schritt in der Menschheitsgeschichte, der einen Gewaltrückgang bewirkte, war dabei wohl die Arbeitsteilung. Wenn sich Menschen in Gemeinschaften zum gegenseitigen Vorteil zusammenschließen, dann profitieren sie zum einen alle vom Frieden, zum anderen entwickelt sich eine Furcht vor der gemeinschaftlichen Rache der Anderen. Ein äußerer Feind bleibt natürlich dennoch bestehen. Genau dies dürften auch Kinder im Laufe ihrer Entwicklung lernen: Wenn sie jemanden angreifen, droht Rache und Ausschluß aus der Gemeinschaft. Dies können sie aber auch nur empfinden, weil sie zu ihrer Familie ein besonderes Vertrauensverhältnis haben und wissen, daß einem Fremden nicht in dieser Weise vertraut werden darf. Darüber hinaus spielt bei der Zivilisierung des Menschen neben dem etablierten Gewaltmonopol des Staates auch das machtpolitische Interesse der Elite eine Rolle, die Untergebenen zum Frieden zu zwingen, damit eigene Privilegien erhalten bleiben.

Nun gibt es allerdings noch einen weiteren Zusammenhang, der vielfach unbeachtet bleibt: Die Erziehung zur Gewaltlosigkeit kann zu weit gehen. Wer nicht mehr fähig ist, sich selbst zu verteidigen, wird ängstlich, verletzbar und gerade deshalb häufig angegriffen. Man kennt das von Kriminellen, die in der Öffentlichkeit Ausschau nach Personen halten, denen man ansieht, daß sie ein potentielles Opfer sind. Ganze Gesellschaften, Völker und Staaten können ebenfalls Schwäche zeigen. Es kommt also darauf an, das richtige Aggressivitätslevel zu bestimmen und zu finden. Doch genau das ist gegenwärtig nahezu unmöglich, da fast die gesamte Öffentlichkeit der Meinung ist, auf Gewalt müsse generell verzichtet werden, weil sie eine Abnormalität sei.

Worum muß es also bei der Beschäftigung mit den Gewaltlosen gehen? Staat und Bürger haben ein selbstverständliches Interesse an Sicherheit. Niemand von ihnen kann sinnlose Gewaltexzesse wollen. Allerdings gibt es bei dieser Betrachtung einen blinden Fleck: Mit den Sicherheitsvorkehrungen des Staates einher geht eine Lähmung des Volkes, die es unmöglich macht, die Regierung wirkungsvoll zu kontrollieren und notfalls mit allen Mitteln aus dem Amt zu jagen. So wünschenswert es vielleicht erscheinen mag, alle Verfehlungen der eigenen Regierung auf demokratischem Weg durch Wahlen zu sanktionieren, so realitätsfern ist diese Wunschvorstellung, weil die Demokratie eine bürokratisch-unpolitische Herrschaftsform ist, bei der die Wohlstandswahrung des einzelnen Stimmberechtigten und eben nicht das Überleben des Volkes oder die regelmäßige, öffentliche Austragung echter Richtungsentscheidungen im Mittelpunkt steht. Ein zentrales Anliegen muß es deshalb sein, erst einmal die Methoden zu durchschauen, mit denen die Regierung Gewaltlosigkeit herstellt, und zu hinterfragen, welchen machtpolitischen Nutzen eine Befriedung der Gesellschaft hat, die bis zur Wehrlosigkeit des Volkes führt. Warum verordnet also gerade die deutsche Regierung dem eigenen Volk ein Anti-Aggressionstraining nach dem anderen und schickt es nicht zum Selbstverteidigungskurs, wo man lernt, das eigene Gewaltpotential zu beherrschen und nur im Notfall und Ausnahmezustand einzusetzen?

Das Sicherheitsdispositiv

Die allgemeine Erziehung zur Gewaltlosigkeit heißt aber noch lange nicht, daß der Staat konsequent und entschlossen gegen alle Formen der Kriminalität, des Terrorismus, der individuellen und Zwischengruppenaggressionen sowie des Krieges vorgeht. Wie insbesondere der 11. September 2001 gezeigt hat, kann ein Terroranschlag sogar die Macht des Staates erweitern und festigen, weil die Bürger in ihrer Angst den Herrschenden nun besonders vertrauen und der Staat Sicherheitsmaßnahmen umsetzen kann, die im Normalfall von den Bürgern als Angriff auf ihre persönliche Freiheit gewertet werden würden. Staaten führen immer wieder Kriege, um das eigene Volk von innen- und wirtschaftspolitischen Problemen abzulenken. Auch wäre es das Schlimmste für den Staat, wenn es morgen keine Kriminalität mehr gäbe, denn die Verwirklichung dieser Utopie würde ihm sofort seine Existenzgrundlage und Daseinsberechtigung entziehen. Um die Furcht und den Gehorsam des Volkes aufrechtzuerhalten, muß der Staat daher überschaubare und kontrollierbare Bedrohungen präsentieren können. Wenn die deutsche Freiheit nur noch am Hindukusch verteidigt werden muß, kommt dies der Gemütlichkeit des Volkes entgegen. Es gibt zwar noch einen Grund, dem Staat zu vertrauen, eine ernsthafte, greifbare und damit konkrete Gefahr für das eigene Leben besteht jedoch nicht. Was der Staat dagegen überhaupt nicht gebrauchen kann, sind ausgelebte Zwischengruppenaggressionen, die die bestehende Ordnung in Frage stellen. Um genau diese einzudämmen, verwendet er ein Überwachungssystem, das sich nicht damit zufriedengibt, lediglich die Gefahren der politisch motivierten Kriminalität zu lokalisieren und zu bekämpfen, sondern einen präventiven Ansatz verfolgt und mit Hilfe von Medien und »Zivilgesellschaft« gegen verdächtige Strömungen vorgeht, die erkennen lassen, daß sie die Mitte der Gesellschaft verschieben wollen. Weil die Bundesrepublik Deutschland nach der 68er-Kulturrevolution einen linken Sonderweg eingeschlagen hat, findet in der Konsensdemokratie, die offiziell vorgibt, keine Feinde mehr zu haben, insbesondere ein »Kampf gegen rechts« statt, der zu klaren Einschränkungen der Meinungsfreiheit geführt hat. Inzwischen gilt es bereits als »rechtsextrem« und damit als ein politisch motiviertes Vergehen, wenn das Volk den Bundespräsidenten bei einem Besuch in der Provinz oder einer Kleinstadt in den Neuen Bundesländern ausbuht. Auf der linken Seite hat die »Antifa« dagegen deutlich mehr Spielraum. Dieser wird jedoch auch nur solange bestehen bleiben, wie die Linksextremen für das System nützlich sind. Während linke Straftäter, die rechte Demonstrationen blockieren, damit logischerweise sogar noch vom Staat finanziell gefördert werden, wird das Verständnis des Staates dann aufhören, wenn sich der erste Antifaschist als neuer Robespierre zu erkennen gibt, der mit aller Konsequenz und Gewalt den Umsturz tatsächlich herbeiführen will.

In der totalitären Moderne, die auf der Gleichgültigkeit der Massen aufbaut und deshalb Sicherheit zunächst über eine unpolitische Ordnung und Wohlstandsgarantie zu realisieren versucht, gibt es drei Institutionen, deren Aufgabe es ist, Sanktionen durchzusetzen, um Zwischengruppenaggressionen und damit zugleich die Systemfrage zurückzudrängen: den Rechtsstaat, die Disziplinarmacht und die Sicherheitsdispositive. Mit dem französischen Philosophen Michel FOUCAULT sollten wir daher erörtern, »welche Rechtsregeln die Macht anwendet, um Diskurse der Wahrheit zu produzieren«. Er betont: »Die Macht hört nicht auf, uns zu fragen, hört nicht auf, zu forschen, zu registrieren, sie institutionalisiert und professionalisiert die Suche nach der Wahrheit und belohnt sie. Im Grunde müssen wir die Wahrheit produzieren, wie wir Reichtümer produzieren müssen, ja wir müssen sogar die Wahrheit produzieren, um überhaupt Reichtümer produzieren zu können.« Wie sich diese »Wahrheit« durchsetzt, das ermitteln heute Umfragen, deren eigentliches Anliegen es ist, die Wirksamkeit der Disziplinarmacht zu messen. Sie setzt also genau dort an, wo »ihre Kanäle haarfein sind«. Die Macht wirke nicht von oben nach unten, wie es die klassische Theorie der Souveränität voraussetzt. Vielmehr gelangt sie dann zur vollen Entfaltung, wenn der Bürger auf subtile Weise in jeder Lebenssituation die Gretchenfrage gestellt bekommt, ob er die bestehende Gesellschaftsordnung ohne Wenn und Aber befürwortet. Wer aufgrund seiner politischen Ansichten anvisierte Arbeitsstellen nicht bekommt, erfährt, welch immense Bedeutung die Disziplinarmacht heute hat. Gleiches gilt für Schüler und Studenten, die dem Konsenswissen ihrer Lehrer und Dozenten eigenes Wissen entgegenstellen wollen. Wird dieses eigenständige Denken nicht belohnt, sondern bestraft, wirkt die Disziplinarmacht der Gegenwart.

Neben der Disziplinarmacht verdienen die Sicherheitsdispositive besondere Beachtung. 1978 hielt Foucault am *Collège de France* in Paris seine Vorlesung über die »Geschichte der Gouvernementalität«. Unter diesem ungewöhnlichen Begriff versteht er eine Machtform, »die als Hauptzielscheibe die Bevölkerung, als wichtigste Wissensform die politische Ökonomie und als wesentliches technisches Instrument die Sicherheitsdispositive« hat. Zugleich warnt Foucault davor, diese Macht allein beim Staat zu suchen. Zwar könne es durchaus sein, daß der moderne Wohlfahrtsstaat sich tendenziell um alle Bedürfnisse seiner Bürger kümmert, dennoch bleibt selbst dann noch zu klären, woher der

Antrieb kommt, sich genau um dieses oder jenes Problem zu kümmern und andere unbeachtet zu lassen. Die Sicherheitsdispositive klären genau diese Frage. Welche Probleme eine Gesellschaft überhaupt als solche erkennt und wo der Staat mit wie viel Aufwand eingreift, bedarf einer ständigen Kalkulation von Kosten, Nutzen und Risiken. Zunächst muß deshalb ein gesamtgesellschaftliches Radarsystem darüber aufklären, was für eine Regierung überhaupt zu tun ist. Foucault nennt beispielhaft die Kriminalität und Strafverfolgung. Mit wissenschaftlicher Sorgfalt überwachen die Sicherheitsdispositive, welche Gruppen besonders zu Gewalt neigen, wie viel es kosten würde, die Gewalt einzudämmen, und ob es sich lohnt, die Täter nach der Strafe umzuerziehen. Der Staat schränkt daraufhin überall dort die Handlungsfreiheit ein, wo die Norm- und Toleranzwerte der Gesellschaft überschritten werden.

Freiheit sei somit wesentlich eine »Zirkulationsfreiheit«, betont Foucault. In einer Demokratie könne man sich sehr viel erlauben, solange man sich im Rahmen der vereinbarten Normen bewegt und die Systemfrage nicht stellt. Sobald jedoch die Scheinwerfer der Sicherheitsdispositive ein Thema oder einen Raum erfassen, ist Schluß mit der Toleranz. Der Staat und die Gesellschaft greifen dann zur Not auch zu Überwachungs- und Unterdrückungsmaßnahmen, um ihre gewünschte Normalität herzustellen. Dem Bürger bleibt dann also nur die Wahl, sich diesem Kampf auszusetzen oder in der Normalität unterzutauchen. Eine Krise definiert Foucault demnach als eine zirkuläre Überlastung, die nur durch eine künstliche Intervention beseitigt werden kann. Es ist dabei äußerst sinnvoll und effizient, die Mehrheit der Bevölkerung in jeder Lage in dem Glauben zu lassen, sie lebe in Freiheit und Wohlstand, und nur dort mit der geballten Kraft der Machttechnologien zuzuschlagen, wo es augenblicklich als notwendig erscheint.

Warum das Ganze? Wir leben zwar in einem Zeitalter der totalitären Moderne, nicht aber in einem totalitären Staat. Das heißt aber nicht, daß dieser Staat frei von Unterdrückung, Willkür und Kontrolle sei, so wie er es selbst suggeriert. Den »Normalen« wird dieses System immer Freiheit gewähren, weil es gar keinen Sinn macht, gegen sie Repressionen einzusetzen. Viel entscheidender ist jedoch, wie dieses System mit seinen Rändern, Minderheiten, Außenseitern, Einzelgängern und Querdenkern umgeht. Und hier gibt es bedenkliche Entwicklungen. Einerseits werden bestimmte ethnische Minderheiten dafür bezahlt, daß sie die Städte nicht niederbrennen. Andererseits sind die Anhänger unerwünschter, politischer Lager einer ständigen sozialen Ausgrenzung ausgesetzt. Widersprechen sich diese zwei Strategien nicht? Nein, keinesfalls. Beide zielen darauf ab, einen atomisierten Bürger herzustellen, unter Kontrolle zu bekommen und ihn in eine seelen- und charakterlose Wirtschaftsgesellschaft einzugliedern.

Scheitert die technokratische Logik?

Sicherheit läßt sich aber nicht herstellen. Sie muß im gemeinsamen Handeln von Staat und Bürgern immer wieder neu gefunden und aufrechterhalten werden. Obwohl in Deutschland die Polizei in den letzten Jahren aufgrund einer weltfremden Gewaltverleugnung der Eliten kaputtgespart wurde, leben wir nicht etwa in unsicheren Zeiten, weil dem Staat die Mittel zur Durchsetzung seines Gewaltmonopols fehlen. Er wird in der absehbaren Zukunft finanziell in der Lage bleiben, durch eine personelle Stärkung von Militär, Polizei und Justiz die besten Voraussetzungen für Recht und Ordnung zu schaffen. Der größte Sicherheitsapparat ist jedoch machtlos, wenn das Band zwischen Staat und Volk zerschnitten ist. Derzeit ist es nur vorstellbar, daß eine kleine Minderheit auf die stumme Alternativlosigkeit der Regierung mit stummer Gewalt antwortet. Dann brennt zwar jede Woche ein Asylbewerberheim, aber niemand wird den Straftätern folgen, weil sie keine Alternative zum herrschenden System artikulieren, sondern sich vielmehr für das Establishment als nützliche Idioten erweisen, da sie Anlässe liefern, auch den friedlichen Protest zu kriminalisieren.

In unsicheren Zeiten leben wir also, weil positive und negative Zukunftsszenarien möglich sind, bei denen die technokratische Logik der Herstellung von Sicherheit scheitern wird. Der Philosoph Martin HEIDEGGER schrieb den berühmten Satz: »Die Wissenschaft denkt nicht!« In Bezug auf die Gewalt geht es deshalb darum, das zu durchdenken, was die Wissenschaft aufgrund ihres Instrumentariums nicht erahnen kann. Durch die Anwendung wissenschaftlicher Gesetze – bzw. genauer: Methoden, bei denen als sicher gilt, daß sie funktionieren – glaubt die herrschende Klasse einerseits, einen Zustand des allgemeinen Wohlstands für alle herstellen zu können. Arbeit und Konsum sind zudem die beste Ablenkung von geistigen Fragen, damit niemand auf die Idee kommt, eine Revolution anzuzetteln und daran mitzuwirken. Andererseits verläßt sich der Staat auch auf die Wissenschaft, wenn er auf neueste Überwachungs- und Sicherheitstechnik setzt, mit der man irgendwann sogar prognostizieren soll, wann jemand kriminell wird. Bereits heute gibt es entsprechende Prognose-Software bei der Polizei, um Einbrecher aufgrund ihrer sich wiederholenden Handlungsmuster idealerweise schon vor ihrer Tat zu schnappen. George Orwell läßt grüßen, sollte es eines Tages möglich sein, auch das Verhalten politischer Dissidenten auf diese Weise zu berechnen.

Bei der Prägung des Geistes läuft es ähnlich. Hier findet die Anwendung der wissenschaftlichen Methoden der Psychologie statt. Der Kriminologe Christian Pfeiffer geht so beispielsweise davon aus, die Machokultur der Einwanderer lasse sich abtrainieren, wenn der Staat nur ausreichend Sozialarbeiter und Psychotherapeuten auf sie ansetze. Dahinter steckt eine Machbarkeitsutopie, die schon dann als größenwahnsinnig erscheinen muß, wenn man innerhalb der Grenzen der Wissenschaft argumentiert. Neben kulturellen Unterschieden betrachten Pfeiffer und andere die Erfahrung von Ausgrenzung, Unfairneß, Ungerechtigkeit, fehlenden Bildungschancen und damit sich anschließender Armut als die wesentlichen Ursachen von Ausländergewalt. Gerade in einer multikulturellen Gesellschaft und einem Vielvölkerstaat schwindet jedoch die Homogenität, wodurch die als Ursachen der Gewalt benannten Faktoren immer schwerer zu beheben sind. Bei einem Einzelnen ist eine »Integration«, die auf ein Umerziehungsprogramm hinausläuft, möglich, auch wenn dieser Einzelne dadurch wahrscheinlich viel von seiner kulturellen Identität einbüßt, die er zugunsten einer Kultur des kleinsten gemeinsamen Nenners, des Konsums, aufgeben soll. Bei einer Masse von Menschen hingegen, die auch untereinander eine starke Gemeinschaft bilden können, funktioniert Integration einfach nicht, wie unzählige Studien der letzten Jahrzehnte zeigen.

Gute Absichten

Staaten, die ihre Politik an totalitären Ideologien ausrichten, erkennt man daran, daß sie Ziele anstreben, die der Mensch aufgrund seines Soseins nie erreichen kann. Es spielt dabei politisch betrachtet keine Rolle, ob die Vertreter dieser utopischen Weltanschauungen glaubhaft gute Absichten vorgeben oder man ihnen von Vornherein einen bösen Willen unterstellt. Im Endeffekt dürfte es sogar viel schwieriger sein, die scheinbar »guten« Totalitarismen zu bekämpfen und die zerstörerischen Wirkungen auf Gemeinschaft und Gesellschaft für jeden nachvollziehbar zu entlarven. So verhält es sich aktuell bei dem Projekt der globalistischen Eliten, eine friedliche Menschheitsgemeinschaft herzustellen. Diese globalistischen Eliten denken einzig und allein an ihren Wohlstand und betrachten Religion, Herkunft, Tradition und tatsächliche Freiheit als nebensächlich. Da dies natürlich nie in dieser Klarheit zur Sprache gebracht wird, bleibt der vordergründige Eindruck hängen, es handle sich hierbei um ein Projekt der guten Absichten, das doch wohl jeder mittragen kann. Die Welt friedlicher zu machen, muß schließlich jeder wollen, und auch im Kleinen muß man gar nicht erst den Versuch unternehmen, die vielen gutgemeinten Bestrebungen kaputtzureden.

»Das Moralische versteht sich von selbst«, schrieb 1879 der Philosoph Friedrich Theodor Vischer in einem Roman. Er meinte damit, daß wir intuitiv erkennen würden, welche Taten als »gut« und »böse« anzusehen sind. Toleranz, freiwilliges Helfen und das eigene Bemühen um ein friedliches Zusammenleben stehen eindeutig auf der Seite des »Guten«. Gewalt dagegen ist böse und kann, wie alle Parteien von links bis rechts nicht müde werden zu betonen, niemals gerechtfertigt werden. Der Staat macht sich unser moralisches Empfinden und Gewissen ebenfalls zunutze und verhindert so größere Gewaltausbrüche und Revolutionen, indem er Rebellionen und Aufstände erfolgreich als unmoralisch etikettiert. Zugleich lädt er alle Bürger dazu ein, sich gemeinsam anzustrengen, das Gute zu tun, obwohl der Mensch dauerhaft in Versuchung gebracht wird, Böses zu tun. Nach technokratischer Logik wird der Mensch dann zum Guten neigen, wenn es sich für ihn lohnt und alle Rahmenbedingungen passen. Deshalb legt der Staat neben der Durchsetzung seines Gewaltmonopols so viel Wert darauf, den Wohlstand zu mehren, das Volk mit »Brot und Spielen« zu unterhalten und alle Menschen zumindest in dem Maße zu integrieren, daß sie nicht unglücklich sind.

In seiner Vorlesung mit dem Titel »Was heißt denken?« brachte dies der Philosoph Martin Heidegger prägnant auf den Punkt: »Wir werden von allen Seiten her mit Hilfe unserer Soziologie, Psychologie und Psychotherapie und mit noch einigen anderen Mitteln dafür sorgen, daß demnächst alle Menschen auf die gleiche Weise in den gleichen Zustand des gleichen Glückes gestellt werden und die Gleichheit der Wohlfahrt aller sichergestellt wird.« Trotz dieses scheinbar positiven Programms sah Heidegger dennoch eine Verwüstung im Gange, die dafür sorgen könnte, daß trotz »dieser Erfindung des Glückes (...) die Menschen von einem Weltkrieg in den nächsten gejagt« werden, wobei – dies sei ergänzt – nicht zwangsläufig ein klassischer Krieg zwischen Staaten ausbrechen muß, sondern sich ebensogut ein Weltbürgerkrieg, der hauptsächlich im Inneren der Staaten geführt wird, entwickeln kann. Anknüpfend an Friedrich Nietzsches Schrei »Die

Wüste wächst«, sprach Heidegger von einer sich ausbreitenden Verwüstung, die »mehr als Zerstörung« sei und »unheimlicher als Vernichtung«. Sie sei auch möglich bei höchstem Lebensstandard der Menschen und könne sich verbergen, doch zugleich unterbinde sie »künftiges Wachstum und verwehrt jedes Bauen«. Eine solche Verwüstung beginnt also mit einer geistigen Schwäche und Dekadenz, die ein Überlegenheitsgefühl freisetzt, das zu der gefährlichen Annahme führt, man müsse sich selbst, seinen Lebensentwurf und die eigene Gemeinschaft nicht mehr verteidigen, weil man bessere Mittel der Weltgestaltung gefunden habe. »Die Wüste wächst« weckt nun aus heutiger Sicht auch noch ganz andere Assoziationen. Mit der Masseneinwanderung aus Afrika und dem Erweiterten Mittleren Osten hat Europa sich die Probleme der Welt ohne eigene Not und äußeren Zwang importiert, weil es glaubt, die »Wüste« beherrschen zu können. Ob es tatsächlich noch die demographische, militärische sowie innen- und sozialpolitische Stärke besitzt, um diese Völkerwanderung trotz geistiger Selbstaufgabe zu »managen«, muß allerdings mehr als nur bezweifelt werden.

Die Reichweite der Moral

Die technokratisch und optimistisch denkend erzogene politisch-mediale Klasse wird diese Zweifel nicht nachvollziehen können. Sie geht davon aus, daß der Wille zur angeblich egoistischen Selbstbehauptung abgeschafft werden mußte, um ein moralisches Verständnis zu kreieren, das die Verwirklichung einer friedlichen Menschheitsgemeinschaft erlaubt. Gerade diese Hypermoral ist es jedoch, die gegenwärtig die wahre Moral, die sich von selbst versteht, bedroht und durch die Einmischung in die innenpolitischen Angelegenheiten anderer Länder internationale Konflikte verschärft. Norbert Bolz betont deshalb: »Die Willkommenskultur ersetzt die schwierige Nächstenliebe durch die bequeme Fernstenliebe.« Diese »Fernstenliebe« überzeugt allerdings nicht durch einen ausgeprägten Respekt vor anderen Lebensentwürfen und Kulturen. Vielmehr geht es ihr darum, den Fremden vom eigenen globalistisch-multikulturellen Weltbild zu überzeugen. Dieses utopische Projekt zu befürworten, für das man so gut wie nichts Konkretes tun muß, ist sehr einfach. Das empathische Zeitalter setzt lediglich auf den »Gefällt mir«-Daumen, etabliert damit eine »Herdentiermoral« (Friedrich NIETZSCHE) und begnügt sich mit den wenigen tatsächlich handelnden Vorbildern, deren beliebige Solidarität, Begeisterungsfähigkeit und Hilfsbereitschaft für jeden politischen Zweck instrumentalisiert werden kann. Wer dagegen ernsthaft die Gebote der Fernstenliebe und Hypermoral praktisch umsetzen will, endet in einem Sisyphos-Dasein und wird zwar viel helfen, aber langfristig nichts Positives bewirken.

Hannah Arendt war der Meinung, das »größte begangene Böse« werde von Menschen verübt, »die sich weigern, Personen zu sein«. Dies geschehe immer dann, wenn jemand partout nicht über Dinge urteilen will. Die allgemeine Gleichgültigkeit habe daher erst die kollektiven Verbrechen des 20. Jahrhunderts ermöglicht. Das utopische Gute wird nun ebenfalls von Menschen angestrebt, die sich weigern, die Grenzen der menschlichen Leistungsfähigkeit anzuerkennen. Ebenfalls festzustellen ist bei ihnen ein Hang zur Gleichgültigkeit gegenüber den Gemeinschaften ihrer Herkunft. Ihr Fehler ist, daß sie die Reichweite der Moral verkennen. Sie funktioniert innerhalb eines auf Koordination und Kooperation angelegten sozialen Verbandes, wobei es selbst hier schwierig bleibt, alle Selbstverständlichkeiten umzusetzen, weil der Mensch nun einmal nicht perfekt ist. Umso größer dieser Verband wird, umso unwahrscheinlicher wird die Durchsetzung von Regeln, die ohne größere Überwachungs- und Sanktionsmaßnahmen eingehalten werden sollen. Bereits der Nationalstaat ist zu groß, um ein moralisches Verhalten aller Staatsbürger zu garantieren. In *Moral und Hypermoral* erklärt der Soziologe Arnold GEHLEN dazu: »Es gibt keine Möglichkeit, den Solidaritätskomplex, die Keimzelle des Humanitarismus, an anderer Stelle zu lokalisieren, als innerhalb der Familienorganisation.« Der Sinn des Staates könne dagegen nur »als rational organisierte Selbsterhaltung eines geschichtlich irgendwie zustande gekommenen Zusammenhangs von Territorium und Bevölkerung bestimmt werden«.

Moralisch handelnde Menschen wird man also vor allem dort vorfinden, wo das Soziale intakt ist. Wenn wir nun die kleinen Gemeinschaften zerstören und an ihre Stelle einen Nanny-Staat setzen, droht mit der installierten finanziellen Abhängigkeit zum Staat und der überflüssigen persönlichen Abhängigkeit innerhalb der Familie das Ende des Sozialen. Damit gemeint ist die Abwesenheit des Sozialen, die Asozialität der totalitären Moderne, die zugleich eine Lähmung des Volkes und ein enormes Gewaltpotential der völlig ungebundenen Menschen hervorbringt.

Linker Sonderweg

Die Politik der guten Absichten und die Hypermoral, die zunächst Europa und später die ganze Welt verdeutschen will, waren in der totalitären Moderne schon immer angelegt. Einerseits konnte diese totalitäre Moderne nur gedeihen, weil sie dem Bürger zwar das Gefühl der Partizipation gibt, ihm aber in Wirklichkeit eine bequeme Freiheit von der Politik empfiehlt. Andererseits hat sie herkunftsschwache Vollstrecker-Typen als Eliten hervorgebracht, die im Fortschrittszeitalter den Eindruck erwecken, das Neue besonders konsequent umzusetzen. Weder die Massen noch die Eliten interessieren sich dabei für das Anknüpfen an bewährte Traditionen, das eigentlich für die Permanenz einer Gesellschaft sorgen müßte.

Die eigentliche Geburtsstunde der Bundesrepublik Deutschland schlug deshalb 1968. Auschwitz konnte nur vorübergehend als Gründungsmythos zur Läuterung der Deutschen dienen. 1968 aber wurde dieser Schuldkult, der nur eine negative Identität hervorbringen kann, ergänzt durch das Ziel einer grenzenlosen, antiautoritären Gesellschaft, die man gut als bunt, ökologisch, emanzipiert und weltoffen verkaufen konnte. Dieser linke Sonderweg hat eine nationale Blindheit hervorgebracht, die so oder so zur Selbstzerstörung führt. Entweder schafft sich Deutschland mit eiserner Disziplin noch im 21. Jahrhundert ab oder es kommt zum ideologischen Zusammenbruch, der die Rückkehr der Gewalt zur unmittelbaren Folge hätte, weil es dann weder einen scheinbaren ideellen Konsens der Deutschen noch eine ethnische Homogenität gäbe. Dieser ideelle Konsens ist schon heute brüchig geworden, wird aber solange den Bürgerkrieg vertagen, wie die Mehrheit der patriotischen Opposition der Meinung ist, die eigenen Ziele mit einem einfachen Marsch durch die Institutionen durchsetzen zu können.

1994 schrieb der Soziologe Karl-Otto Hondrich in einem Essay für die *Zeit*: »Wir verlassen das Zeitalter der Visionen und treten ein in eine Epoche der Entdeckungen. Zu entdecken ist, welche Macht in Wirklichkeit die Gewalt hat – und welche Bedeutung die gemeinsame Herkunft.« Hondrich zufolge wachsen Gewalt und Nationalismus, je offener eine Gesellschaft werde. Dies gelte jedoch nicht nur für den »rechten«, konventionellen Nationalismus, sondern ebenso für einen eigenartigen linken Sonderweg, der darin bestehe, die eigenen Ziele um den Preis der Zerstörung des großen Ganzen durchzusetzen. Lieber verteidigen die Linken das deutsche Asylrecht, anstatt in kleinen Schritten und Harmonie mit den europäischen Nachbarn ihrem Ideal einer bunten Gesellschaft näherzukommen. Ähnliches läßt sich auch beim Umwelt- und Klimaschutz, dem Mindestlohn, der Entwicklungshilfe (erneuerbare Energien für Afrika) und der Europapolitik beobachten.

»Am deutschen Wesen soll die Welt genesen«, ist damit ebenfalls die Parole der Vertreter des linken Sonderwegs, die allen anderen Völkern vorschreiben wollen, sich selbst zu überwinden, um die perfekte Weltgemeinschaft zu schaffen. Hondrich mahnte aufgrund dieses Größenwahns an, das »Schicksal der offenen Gesellschaft« hänge von der »Einsicht in ihre Grenzen« ab. Mehr als 20 Jahre nach dem Niederschreiben dieser Warnung spricht viel dafür, daß die Utopisten die rote Linie überschritten haben. Damit kündigt sich ein Szenario an, über das Georges SOREL bereits Anfang des 20. Jahrhunderts in seinen *Reflexionen über die Gewalt* nachdachte: Er betrachtete die Gewalt ausschließlich »unter dem Gesichtspunkt ihrer ideellen Folgen«. Zwar könne sie »den wirtschaftlichen Fortschritt stören« und »für die Moralität gefährlich sein«. Sie scheine aber dennoch »das einzige Mittel darzustellen, über das die durch die Humanitätsideen abgestumpften europäischen Nationen noch verfügen, um ihre ehemalige Energie wiederzufinden«.

Sorel war sich sicher, daß entweder die proletarische Gewalt und der imperialistische Staat frontal aufeinandertreffen oder die Konsenssucht der parlamentarischen Sozialisten und des dekadenten Bürgertums für Stillstand sorgt. Auf die Gegenwart übertragen: Sollte sich die AfD als eine nicht mehr zu verdrängende Kraft mit einem Potential von 20 oder 30 Prozent der Stimmen etablieren, droht ihr eine allzu freundliche Umarmung durch die etablierten Parteien. Die Mächtigen werden dann auf die Karrieristen in der AfD setzen, denen es ausreicht, wenn sie ihren Wählern eines Tages mitteilen können, es werde jetzt durch die gewonnene Reputation und Koalitionsfähigkeit etwas konsequenter abgeschoben. Ansonsten läuft freilich alles wie vorher. Da er genau dies vermeiden wollte, plädierte Sorel für den radikalen Weg einer mit Gewalt herbeigeführten Revolution. Auch wenn dieser offensive Standpunkt heute noch nicht einmal von Vertretern »extremistischer« Parteien geteilt wird, so steckt doch in diesem Gedankengang eine unleugbare Wahrheit über die Unmöglichkeit, eine liberale Demokratie tiefgreifend selbst zu verändern. Die Voraussetzung für das Entstehen einer revolutionären Situation ist deshalb die von den Vertretern des linken Sonderwegs unfreiwillig vorangetriebene Radikalisierung unserer Gesellschaft. Nur wenn Kanzlerin Angela Merkel und ihre Partei weiter dickköpfig die Grenzen offenhalten, eine unkontrollierte Masseneinwanderung ermöglichen und nachlässig gegen kriminelle

Ausländer vorgehen, besteht die Chance auf einen echten Wandel, der dann allerdings nicht friedlich ablaufen kann, sondern zunächst einen Kampf hervorbringen wird, bei dem unklar ist, welche Gruppen sich daran beteiligen und wie er ausgehen wird.

Auch läßt sich nicht seriös einschätzen, welche neuen Machtverhältnisse sich dann herauskristallisieren. Wenn der Schriftsteller Vladimir SOROKIN, der »russische Houellebecq« *(FAZ)*, in seinem Roman *Telluria* über ein zersplittertes Eurasien nachdenkt, in dem es weder den radikalen Islamisten noch den gemäßigten Moslems oder den dekadenten Einheimischen gelingt, sich dauerhaft an der Macht zu halten, so mag dies auf den ersten Blick lediglich eine ziemlich verrückte Dystopie sein. Nach gründlichem Nachdenken darüber, ob denn tatsächlich eines Tages zunächst die Taliban und nach drei Jahren der Gewalt und des Elends ein moderater türkischer Kanzler das Sagen in der »Rheinisch-Westfälischen Republik« haben könnten, wird man jedoch zu dem Ergebnis kommen, daß eine solche Unterwerfung durch den physisch Stärkeren und die Zersplitterung der Macht das logische Endresultat der Globalisierung des Südens sein muß.

Sorokin liefert in seinem Roman auch gleich den Grund, warum selbst in einer revolutionären Situation eine plötzliche Wiedergenesung des ganzen Volkes ziemlich unwahrscheinlich ist. Er betont: »Wo, wo ist unsere Nationalidee? Diese Narren – sie verstanden nicht, daß eine Nationalidee kein Schatz hinter den sieben Bergen ist, keine Formel, kein Stoff, womit man die kranke Bevölkerung schnell mal impfen kann! Gibt es eine Nationalidee, dann lebt sie in jedem Menschen des Staates, vom Straßenkehrer zum Bankier. Gibt es sie nicht, muß sie erst gesucht werden – dann ist der Staat bereits zum Untergang verurteilt!«

Globalisierung des Südens

Nach dem Verlust aller Visionen – der linken wie der rechten –, den wir gedanklich genauso wie Sorokin vorwegnehmen sollten, heißt dies, daß wir noch einmal völlig neu über die ideellen Folgen der Gewalt nachdenken müssen. Die Gewalt bringt kein vorher feststehendes Ergebnis. Sie ist ein Sprung ins Ungewisse, sobald sie nicht nur angedroht, sondern auch angewendet wird. Sie ist ein Zeichen von Ohnmacht, weshalb insbesondere Generationen auf sie zurückgreifen, deren Zukunft durch die Nichtexistenz anderer Lebenschancen gekennzeichnet ist. Dennoch fällt es schwer, im entscheidenden Moment zuzuschlagen. Der Historiker Jörg BABEROWSKI erklärt in seinem Buch *Räume der Gewalt*, keine Idee helfe »dem Täter dabei, seine Hemmungen zu überwinden«. Er ist der Meinung, die Gewaltforschung habe sich auf einen Irrweg begeben, indem sie die Absichten und Motive der Täter zu ergründen sucht. Die inneren Dämonen seien völlig überbewertet, betont Baberowski. Vielmehr sollte man »von den Räumen sprechen, die gewalttätiges Handeln ermöglichen und begrenzen«.

Sobald Menschen in solche Räume kommen, müssen sie der Logik der Gewalt zwangsläufig folgen. Anschaulich wird diese These zum Beispiel in der international bekannten, amerikanischen TV-Serie *Breaking Bad*. Der Protagonist der Serie, Walter White, ist ein harmloser Chemielehrer, der an Lungenkrebs erkrankt. Um seine Behandlung bezahlen zu können und seiner Familie weiterhin ein materiell annehmbares Leben zu ermöglichen, entschließt er sich dazu, Crystal Meth zu kochen. Später, als White schon eine Weile im Drogengeschäft tätig ist, spielen diese nachvollziehbaren Absichten allerdings keine Rolle mehr. Aus dem fürsorglichen Familienvater wurde binnen kürzester Zeit ein skrupelloser Mörder, der tötete, weil dies in den Situationen, in die er sich durch sein neues Leben brachte, einfach getan werden mußte.

Während wir im Westen als Gewaltverleugner glauben, solche Situationen mit einer Armlänge Abstand umgehen zu können, zeigt die Geschichte der Bürgerkriege (in den letzten Jahren insbesondere in Afrika und dem Erweiterten Mittleren Osten), daß die Gründe für den Ausbruch gewalttätiger Unruhen schnell verblassen und vielfach austauschbar sind. Die entscheidende Frage der nächsten Jahre ist daher, ob es mit dem brüchig gewordenen Gewaltmonopol des Staates, der Aufrechterhaltung des derzeitigen Wohlstandsniveaus, immer ausgefeilterer Überwachungs- und Sicherheitstechnik, der Verweiblichung des Mannes sowie Erziehung zum Weltbürger gelingt, das Aufkommen von Zwischengruppenaggressionen, die das System in Frage stellen, zu verhindern. Bei den Deutschen ist ein Erfolg dieser Strategie der »soft power« aufgrund der Prägung in den letzten Jahrzehnten sogar noch relativ wahrscheinlich, selbst wenn sie dazu schleichend enteignet werden müssen und man ihnen in zehn oder zwanzig Jahren beichten muß, daß nicht etwa die Einwanderer ihre Rente sichern, wie die Eliten behauptet hatten, sondern – im Gegenteil – jeder länger arbeiten muß, um die multikulturelle Gesellschaft zu finanzieren.

Viel ungewisser ist dagegen die Reaktion der kulturfremden Einwanderer, wenn sie feststellen, wie schwierig es auch in Deutschland ist, ihre Hoffnungen und Wünsche zu verwirklichen. Zum einen nimmt die Leistungsfähigkeit des deutschen Sozialstaates von Jahr zu Jahr ab, zum anderen sorgen weltweit die ökonomischen Rahmenbedingungen für eine Zuspitzung der Lage, weil die entorteten Menschenmassen durch eine Migration nur in den seltensten Fällen ihre Lebenschancen verbessern können. Während durch die Globalisierung die Staaten der Welt (außer diejenigen der »untersten Milliarde«) tendenziell näher zusammenrücken, das heißt, die Schere zwischen armen und reichen Staaten nicht mehr so weit auseinanderklafft, weil die Unternehmen in den reichen Staaten in ärmere Länder ziehen können, wo sie weniger Lohn zahlen müssen und geringere Kosten haben, entwickeln sich die Lebenschancen der Menschen genau umgekehrt. Die Schere zwischen armen Menschen, die überflüssig sind oder ausgebeutet werden und die »Drecksarbeit« verrichten müssen, und den reichen Profiteuren der Globalisierung öffnet sich immer weiter.

Zum einen schwindet deshalb in jeder Gesellschaft das gegenseitige Vertrauen der Menschen, das Sozialkapital. Zum anderen bleiben die Armen, die in reiche Länder migrieren, weiterhin Verlierer und werden eben dort als billige Arbeitskräfte ausgenutzt, wenn sie denn überhaupt eine Anstellung finden. Das Frustrationspotential für die Armen ist in den reichen Ländern folglich mindestens genauso groß wie in ihrer Heimat. Der Klassenkampf vermengt sich daher mit dem Völkerkampf. Sobald die reichen Staaten hier aufgrund der eigenen Überlastung nicht mehr sozialpädagogisch gegensteuern können, werden die kulturfremden Einwanderer auf ihr »nacktes Leben« (Giorgio Agamben) zurückgeworfen. Die Berufung auf die Menschenrechte wird ihnen dann nicht weiterhelfen, da diese abstrakte, maßlose Idee immer dann scheitert, wenn sie am dringendsten benötigt wird.

Womöglich können einzelne westliche Staaten diese Entwicklung soweit eindämmen oder herauszögern, daß es nicht zu einem offenen Gewaltausbruch oder einer Revolution kommt, sondern sich der stetige Verfall der Staatlichkeit fortsetzt. Die Theorie, wonach die armen Staaten im Zuge der Globalisierung zu den reichen aufschließen und auch ihre freiheitlich-demokratische Staatsform übernehmen, dürfte dagegen in der Wirklichkeit ins glatte Gegenteil umschlagen. Wir stehen am Beginn einer chaotischen Globalisierung des Südens, bei der Europa und die USA die großen Verlierer sein werden, weil sie mit zunehmender Inhomogenität auch ökonomisch gegenüber den aufstrebenden Weltmächten des Ostens ins Hintertreffen geraten werden.

Institutionen des Widerstands und Neubeginns

Aufgrund der drohenden Globalisierung des Südens, die Chaos oder sogar einen Gewaltausbruch in Europa und Deutschland auslösen könnte, ist der Staat heute als eine Institution des Widerstands gefordert. Er muß Widerstand leisten gegen die Ausbreitung des Globalismus, gegen Massenmigrationen, gegen die Ökonomisierung aller Lebensbereiche, gegen den pazifistischen Zeitgeist der Medien, gegen die Geburtenverweigerung der eigenen Bürger sowie den Bedeutungsverlust des Realen und des Ortes, der im schlimmsten Fall mit einem Weltbürgerkrieg endet. Zugleich muß er Orte für das Handeln des Volkes schaffen zur Vergemeinschaftung und Demokratie im Kleinen. Wie schwer dies ist, zeigen die idealistischen Bemühungen der parlamentarischen und außerparlamentarischen Bestrebungen, mehr Basisdemokratie zu wagen. Alle diese Bemühungen sind in den Kinderschuhen steckengeblieben, da es hier nicht allein um neue Verfahren auf Parteitagen gehen sollte. Vielmehr beginnt Basisdemokratie mit der Fähigkeit, mit dem eigenen Nachbarn kontrovers über die Fortentwicklung des Gemeinwesens streiten zu können, ohne die aufgebaute soziale Beziehung zu gefährden.

Fehlt diese Fähigkeit, wird Gewalt immer eine attraktive Handlungsoption bleiben, wenn die eigene Sprache versagt. Da das Diskurstalent eines Jeden aber aufgrund unseres natürlichen Geltungsbedürfnisses und Egoismus Konflikte niemals zu 100 Prozent lösen oder vermeiden kann, braucht es einen Staat, der im Zweifelsfall die Richtung bestimmt und als *Ultima Ratio* mit Gewalt durchsetzt. Um Gewalt sowohl im als auch zwischen Staaten zu minimieren, sei es notwendig, »die Furcht vor gemeinschaftlichem Widerstande oder gemeinschaftlicher Rache der Andern« aufrechtzuerhalten, definierte der Diplomat Friedrich GENTZ. Sein Denken kreiste um das Schaffen von Gleichgewichten. Diese seien innerhalb einer Gesellschaft genauso wichtig wie zwischen Staaten. Es gelte also, zwischen den Exzessen der Regierung und denen der Freiheit ein gerechtes Maß zu finden. Heute sieht es so aus, als ob der Größenwahn der Regierungen, eine bunte, friedliche Weltgesellschaft zu schaffen, mit der zerstörerischen Freiheitssehnsucht einiger fanatischer Bürger zusammenfällt, die alle Grenzen und Schranken zugunsten eines angeblichen Fortschritts und Wachstums auflösen wollen. Doch Gesellschaftsentwürfe, die nur auf guten Absichten beruhen, lassen sich nicht einfach so verwirklichen wie die Herstellung eines Fahrzeugs oder Schranks. Ein Staat, der darauf spekuliert, daß alle gesellschaftlichen Gruppen auf echtes, politisches Handeln freiwillig verzichten, ihre intellektuellen genauso wie ihre barbarischen Fähigkeiten verstecken und einen angenehmen, bequemen Konformismus ausbilden, vertraut auf die utopische Möglichkeit, Menschen, die sich weigern, Menschen zu sein, einfach so verwalten zu können.

Die zurückliegenden Jahrzehnte konnten die Bürokraten in der Tat als Bestätigung ihrer Annahme über die Machbarkeit einer solchen Gesellschaft werten. Ihnen kam dabei die Gleichgültigkeit der Masse und der Optimismus der Mehrheit der durch Wohlstand verwöhnten Bürger entgegen, doch langfristig kann sich ein Staat seine »Zivilgesellschaft« nicht aussuchen. Es gibt keine Garantie dafür, daß die auf Wohlfühlen basierende linksliberale Dominanz in den nächsten Jahrzehnten bestehenbleibt. Vielmehr breitet sich immer mehr die Ahnung eines bedrohlichen Verfalls aus. Diese Ahnung dürfte einsetzen, wenn der Einzelne merkt, wie wenig ihn mit den anderen Gesellschaftsmitgliedern verbindet. In ihrem Werk *Vita activa* betonte Hannah Arendt: »Was die Verhältnisse in einer Massengesellschaft für alle Beteiligten so schwer erträglich macht, liegt nicht eigentlich, jedenfalls nicht primär, in der Massenhaftigkeit selbst; es handelt sich vielmehr darum, daß in ihr die Welt die Kraft verloren hat, zu versammeln, das heißt, zu trennen und zu verbinden.«

Überspielt wird diese Einsamkeit in der Massengesellschaft durch das tägliche, private und öffentliche Kommunikations- und Medienspektakel. Dies sorgt für die Illusion, virtuell Gemeinschaften anzugehören und Konflikte mit Maske, Mimesis und Theater auf der Bühne der Medien und Sozialen Netzwerke austragen zu können. Auch negative Gefühle und politische Kritik werden so absorbiert. Peter SLOTERDIJK hat also recht, wenn er betont, die deutsche Nation sei ein Kollektiv, »dem es gelingt, gemeinsam Unruhe zu bewahren«. Diese Unruhe führt jedoch zu keiner Reaktion. Durch den nach außen wirkungslosen Abbau von Aggressionen über spielerische Ersatzhandlungen wird das Erreichen der Schmerzgrenze und damit einer gezielten Gegenwehr verhindert. Doch wie lange gelingt dies noch? An dem Tag, an dem der Mensch das Nichts hinter dem bunten Schein erkennt, steht er vor der Entscheidung, zu resignieren oder ganz neue, ungewöhnliche Wege zu gehen. Viele Deutsche haben diesen Tag für sich selbst bereits erlebt, viele weitere werden folgen, weil sie von der Elite und Realität vor die Entscheidung gestellt werden, entweder einer globalistischen Gesinnungsgemeinschaft anzugehören oder für die Selbsterhaltung ihres Volkes zu kämpfen.

Die Würde der Abstände zählte zu den wichtigsten sozialethischen Prämissen des Abendlandes. Ihre Mißachtung durch die unkontrollierte Durchmischung von Menschen verschiedenster Herkunft wird nur solange gutgehen, wie die anonyme Massengesellschaft in einem rein technischen Sinne funktioniert. Zweifel daran, ob dies gelingt, sind durchaus angebracht, weil die Vertreter des linken Sonderweges aus allen in Deutschland lebenden Menschen eine Gesinnungsgemeinschaft kreieren wollen, die ganz bewußt die Bedeutung ihrer Herkunft verleugnen. Die Grenze jeder Gemeinschaft verläuft aber dort, »wo echte Liebesmöglichkeit praktisch aufhört« (Helmuth PLESSNER). Selbst ein durch gemeinsame Abstammung verbundenes Volk verhält sich allerdings auch bei einem intakten Gemeinschaftsgefühl nur friedlich aufgrund der gesellschaftlichen Sphäre des Rechts und der Öffentlichkeit, die den »Verkehr zwischen unverbundenen Menschen« regelt. Kann hier die etablierte Kultur der Distanz nicht aufrechterhalten werden, weil die Bürger das Gefühl beherrscht, jederzeit auf öffentlichen Plätzen überfallen oder belästigt werden zu können, droht ein fundamentaler Vertrauensverlust in den Staat.

Und dann? Die betroffenen Bürger werden erst einmal bemerken, wie wenig Handlungsspielraum ihnen der angeblich freiheitlichste Staat auf deutschem Boden läßt. Schon wer dafür eintritt, daß der Staat sich auf seine Kernkompetenzen beschränken soll, wird den gemeinschaftlichen Widerstand der Bundesrepublik erleben, der über soziale Ausgrenzung und Ächtung abläuft. Die patriotische Opposition um die *Alternative für Deutschland* (AfD) fordert gegenwärtig eigentlich recht wenig. Der Staat soll sich ihrer Ansicht nach auf das Machbare konzentrieren, das eigene Gewaltmonopol stärken, für sittliche Bildung sorgen und eine weitestgehende Homogenität der Bevölkerung erhalten. Bereits ein solch harmloses Programm führt jedoch zum Nazivorwurf.

Was ist also zu tun? Die größte Aufgabe für die patriotische Opposition dürfte gegenwärtig darin bestehen, eine basisdemokratische »Parallel-Polis« aufzubauen. Dieser Begriff geht auf den tschechischen Dichterpräsidenten Václav HAVEL zurück. Er prägte ihn bereits 1978, als er noch Dissident war. Er stellte sich darunter folgendes vor: »Die ›Parallel-

Polis‹ ist wegweisend und hat einen Sinn nur als Akt der Vertiefung der Verantwortung für das Ganze und dem Ganzen gegenüber, als Entdeckung des geeignetsten Standorts für diese Vertiefung, keineswegs also als Flucht vor und aus der Verantwortung. (...) Ich glaube an Strukturen, die sich nicht an der ›technischen‹ Seite der Machtausübung orientieren, sondern an dem Sinn ihrer Ausübung; an Strukturen, die mehr durch das gemeinsame Gefühl, daß bestimmte Gemeinschaften sinnvoll sind, als durch gemeinsame Ambitionen zur Expansion nach ›außen‹ gefestigt werden. (...) Es dürfen in keinem Fall Strukturen sein, die ihre Autorität auf längst entleerte Traditionen stützen (wie die traditionellen politischen Massenparteien), sie müssen sich auf ihre konkrete Aufgabe in der Situation stützen. Besser als ein statischer Komplex formalisierter Organisationen, sind Organisationen, die *ad hoc* entstehen, voller Begeisterung für ein konkretes Ziel, und sich nach der Erreichung des Ziels auflösen.«

Idealerweise mündet die Parallel-Polis damit in einer Samtenen Revolution, bei der aus strategischen Gründen auf Gewalt verzichtet wird, weil es immer auch um die Bilder geht, die eine aufstrebende Bewegung aussendet. Der britische Historiker Timothy Garton Ash hat allerdings zu Recht darauf hingewiesen, daß bei allen Samtenen Revolutionen eine »postrevolutionäre Pathologie« festzustellen sei, da den Menschen »eine revolutionäre Katharsis entgangen ist« und die Gewaltlosigkeit nur mit Zugeständnissen an die alten Eliten erreicht werden konnte. Was daraus folgt und welche Rolle die importierten Jugendüberschüsse insbesondere aus den islamischen Ländern bei einer weiteren Eskalation der Lage spielen könnten, kann sich jeder selbst ausmalen. Wie eine solche Konfrontation dann ausgeht, ist dennoch völlig ungewiß. Statt auf einen solchen Kampf zu warten und sich ein romantisches Ende zu wünschen, ist es ratsamer, auf den Philosophen Edmund Husserl zu hören, der in seinem Vortrag über »Die Krisis des europäischen Menschentums und die Philosophie« herausstellte, daß es Europas große Stärke war, die unendlichen Ideale der Freiheit und Vernunft zu »erfinden«. »Ideenliebe«, »Ideenerzeugung« und »ideelle Lebensnormierung« sind das, was uns Europäer ausmacht. Wir können darauf einerseits stolz sein, andererseits besteht immer die Gefahr, daraus einen Universalismus abzuleiten, aus dem ein Größenwahn entsteht. Husserl prangerte diesen sich verirrenden Rationalismus ebenfalls an. Zugleich war ihm klar, daß die Verirrung nur durch einen »Heroismus der Vernunft« überwunden werden kann: »Die Krise des europäischen Daseins hat nur zwei Auswege: Den Untergang Europas in der Entfremdung gegen seinen eigenen rationalen Lebenssinn, den Verfall in Geistfeindschaft und Barbarei, oder die Wiedergeburt Europas aus dem Geiste der Philosophie durch einen den Naturalismus endgültig überwindenden Heroismus der Vernunft. Europas größte Gefahr ist die Müdigkeit. Kämpfen wir gegen diese Gefahr der Gefahren als ›gute Europäer‹ in jener Tapferkeit, die auch einen unendlichen Kampf nicht scheut, dann wird aus dem Vernichtungsbrand des Unglaubens, dem schwelenden Feuer der Verzweiflung an der menschheitlichen Sendung des Abendlandes, aus der Asche der großen Müdigkeit der Phoenix einer neuen Lebensinnerlichkeit und Vergeistigung auferstehen, als Unterpfand einer großen und fernen Menschenzukunft: Denn der Geist allein ist unsterblich.«

GEWALTPOTENTIALE IN DER MULTIKULTURELLEN GESELLSCHAFT

von Pierre Aronnax

Welches Gewaltpotential gibt es in Deutschland?
Wenn man sich die Frage nach der Möglichkeit eines allgemeinen Gewaltausbruchs innerhalb einer Gesellschaft stellt, ist es zunächst nötig, sich mit den potentiellen Akteuren innerhalb der mit solchen Ereignissen verbundenen Dynamiken auseinanderzusetzen. Daher wird im Folgenden eine Einschätzung genau dieser Personengruppen erfolgen, die geordnet ist nach dem Organisationsgrad und dem Eskalationseffekt, den die Aktionen dieser Kohorten auf die sie umgebende Gesellschaft haben können.

Gerade im Zusammenhang mit, aufgrund von empirischer Forschung zulässig zu erwartenden, zunehmenden ethnischen Spannungen wird der Betrachtungsschwerpunkt dabei auf ethnokulturellen Demarkationslinien liegen, die stets ein hohes Konflikt- und Gewaltpotential bergen. Die Analyse von interethnischer Gewalt wird dabei ergänzt durch die Untersuchung des extremistischen politischen Spannungsfeldes zwischen links und rechts, welches eine zusätzliche Konfliktvariable darstellt. Die in der medialen Öffentlichkeit am meisten wahrnehmbare Personengruppe, der in möglichen zukünftigen innerdeutschen bewaffneten Konflikten eine bedeutende Rolle zukommen könnte, sind Terrororganisationen, auf die zum Schluß dieser Situationsbeschreibung eingegangen wird.

Grundsätzliche zu beantwortende Fragen, die für jede der zu behandelnden Gruppen relevant sind, sind solche, die Auskunft geben über ihre jeweilige Entwicklung, ihre Personenstärke, ihre innere Zusammensetzung, ihre Gewaltbereitschaft, ihren Organisationsgrad und darüber, ob der Staat über adäquate Mittel verfügt, ihren möglichen Eskalationsversuchen effektiv zu begegnen.

Kriminalität

Es ist nicht einfach, einen vollständigen Überblick über die tatsächlichen kriminellen Aktivitäten in Deutschland zu erhalten. Zum einen werden je nach Art der Straftat nur ein Bruchteil der tatsächlichen Delikte erfaßt, zum anderen ist es teilweise schwierig, die demographische Zusammensetzung der Tätergruppen genau herauszufinden. Bei bestimmten Straftaten, wie etwa Vergewaltigungen, ist die Dunkelziffer ausgesprochen hoch. Kriminologen gehen davon aus, daß weniger als die Hälfte aller Straftaten den Behörden angezeigt werden. Dieser Differenzbereich wird als Dunkelfeld bezeichnet und betrifft so gut wie alle Delikte, wenngleich in unterschiedlichem Ausmaß und ist von unterschiedlichen Faktoren abhängig: Kennen Opfer und Täter sich? Könnte es zu Vergeltungsaktionen des Täters kommen? Schämen sich Opfer, sich der Polizei anzuvertrauen? Ist der Schaden groß oder gering? All dies erschwert die für diese Analyse notwendige Einschätzung des Gefährdungspotentials ethnischer Bruchlinien innerhalb der Gesellschaft, da zusätzlich zu den Informationen über ethnische Zugehörigkeiten keine sicheren Erkenntnisse über die realen Verhältnisse krimineller Aktivität vorliegen. Grundlegend sind allerdings zunächst einige allgemeine Trends zu erwähnen:

1. In vielen Bundesländern sind Ausländer und »Menschen mit Migrationshintergrund« überproportional an bestimmten Straftaten beteiligt. Ihr Anteil entspricht also nicht dem, der bei der Größe ihres Bevölkerungsteiles zu erwarten wäre, sondern übersteigt ihn.

2. Straftaten, mit denen vor allem junge, männliche, zumeist muslimische Ausländer am meisten auffal-

len, gehören zur Kategorie der Rohheitsdelikte, wie Körperverletzung und Raub. Aber auch bei Sexualstraftaten wie Vergewaltigungen ist ein deutlicher Überhang zur deutschen Bevölkerung zu erkennen.
3. Die Bereitschaft dieser Kohorte, Waffen wie Messer oder Schlagstöcke bei ihren Taten einzusetzen, ist ebenso auffällig, wie der Umstand, daß es in ihr sehr viele Intensivstraftäter gibt, die durch einen besonders hohen Grad an krimineller Aktivität in Erscheinung treten.

Gängige Erklärungsmuster, die nicht versuchen, einzig mit sozioökonomischen Faktoren zu argumentieren, führen den hohen Anteil an aggressiven und gewaltbereiten Jugendlichen gerade in der muslimischen Bevölkerung auf kulturell bedingt rigide Erziehungspraktiken und Gewalt im persönlichen Umfeld zurück. Dies macht einen deutlichen Unterschied zur deutschen Bevölkerung aus, die eine deutlich verminderte Bereitschaft aufweist, sich gewalttätig zu verhalten.

Kriminalität durch Asylbewerber und Illegale

Wie hoch der Anteil an nicht-deutschen Gefängnisinsassen in Deutschland ist, zeigte die *Space*-Studie des Europarates aus dem März diesen Jahres. Diese untersuchte die Gefängnispopulationen innerhalb der gesamten Europäischen Union und kam für Deutschland auf einen Anteil von 30 Prozent nichtdeutscher Insassen. Von diesen 30 Prozent besitzt niemand einen deutschen Paß. Verurteilte, die neben dem deutschen Paß noch einen weiteren eines anderen Landes besitzen, wurden bei der Zählung als Deutsche gewertet. Die häufigsten Straftaten dieser Gruppe waren laut *Welt*, die am 8. März 2016 über die neu erschienene Studie berichtete, Drogendelikte, Diebstahl, Raub und Totschlag. Daß sich derartige Zahlen bei einer anhaltenden Asylkrise noch weiter verschärfen werden, legt ein internes Papier des Verfassungsschutzes des Landes Nordrhein-Westfalen aus dem Januar 2016 nahe, über das die ARD mit einem Beitrag von *report München* berichtete. Demnach halten sich vor allem in und um die Stadt Münster immer mehr illegale Einwanderer auf, die ihren Lebensunterhalt allein durch Straftaten finanzieren. Seitdem der Ermittlungsdruck in Frankreich und Belgien angestiegen sei, kämen immer mehr Illegale von dort nach Deutschland. Auch wenn der Verfassungsschutz selbst dies weder bestätigen, noch dementieren wollte, äußerte NRW-Innenminister Ralf Jäger (SPD) dennoch, daß dieser Zuzug vor allem aus Frankreich real sei. Bereits im Oktober 2014 gab es dazu entsprechende Sitzungen im Innenausschuß des nordrhein-westfälischen Landtages. Münster kann hierbei als exemplarisch betrachtet werden, da davon auszugehen ist, daß sich ähnliche Situationen auch anderswo ergeben oder bereits ergeben haben.

Am Beispiel Sachsens lassen sich diese Entwicklungen ebenfalls sehr gut darstellen, gerade weil dort der Anteil von Ausländern vergleichsweise gering ist und die Entwicklungen der letzten Jahre dort besonders zu Buche schlagen: Wenn man sich den Zahlen zur Ausländerkriminalität in der dortigen Polizeilichen Kriminalstatistik (PKS) zuwendet, stellt man dabei zunächst eine sonderbare Sprachregelung fest, die es kaum ermöglicht, zwischen Ausländern (z.B. Polen, die Diebesgut über die Grenze bringen), tatsächlichen Einwanderern und Asylbewerbern zu unterscheiden. Die beiden letzten Gruppen fallen schlicht unter die Kategorie »Zuwanderer«. Diese wiederum sind laut Innenministerium für 14.414

Straftaten (ohne Ausländerrechtsdelikte wie illegalen Aufenthalt) verantwortlich. Darunter fallen 1.647 Körperverletzungen und 91 vollendete Straftaten gegen die sexuelle Selbstbestimmung. Besonders auffällig seien dabei Zuwanderer aus Tunesien, Marokko, Libyen, Georgien und dem Kosovo – Gruppen, die allesamt hohe Anteile an Intensivstraftätern aufweisen. Gerade Tatverdächtige aus Georgien sind für Sachsen ein besonderes Problem, da davon auszugehen ist, daß diese in beträchtlichem Ausmaß für die seit letztem Jahr um zehn Prozent angestiegene Quote an Einbrüchen verantwortlich sind: Die georgische Mafia schleuse gezielt Asylbewerber nach Deutschland ein, die während ihres meist auf Ablehnung hinauslaufenden Asylverfahrens so viele Einbrüche wie möglich begingen, gab der Vorsitzende des Bundes Deutscher Kriminalbeamter (BDK), André Schulz, im Frühjahr 2015 gegenüber der *Bild*-Zeitung zu verstehen.

Insgesamt erfaßte die sächsische Polizei 2015 94.463 Tatverdächtige: »15.162 nichtdeutsche Tatverdächtige (2014: 12.579) sowie 6.283 tatverdächtige Zuwanderer (Asylbewerber, geduldete Ausländer, Bürgerkriegs-/Kontingentsflüchtlinge, illegal aufhältige Ausländer).« Dies entspricht im Vergleich zum Vorjahreszeitraum einem Anstieg um 61 Prozent. Der Anteil von Straftaten in Sachsen, die durch Ausländer begangen wurden, liegt damit bei knapp 22 Prozent. Das Statistische Bundesamt gibt den Anteil von Ausländern an der Gesamtbevölkerung in dem Bundesland für 2015 mit vier Prozent an. Damit liegt die Kriminalitätshäufigkeitsrate von Ausländern weit über der der Deutschen, von denen 3.891.658 in Sachsen leben und 73.018 im Jahr 2015 tatverdächtig wurden. Dies entspricht einer Quote von 1,8 Prozent. Für die

164.230 Ausländer im Freistaat liegt diese Quote bei 13 Prozent. Auch bundesweit stieg die Zahl der nichtdeutschen Tatverdächtigen. 555.800 waren dies 2015, was eine Zunahme von 12,8 Prozent bedeutet. Die Zahl der tatverdächtigen »Zuwanderer« stieg sogar um 90,7 Prozent auf insgesamt 114.000. Diese kriminellen Ausländer stellen ein latentes Sicherheitsrisiko dar, da sie zum einen die Abnahme der öffentlichen Sicherheit und damit das sinkende Vertrauen der Bürger in den Rechtsstaat befördern und andererseits aufgrund ihrer ethnischen Zugehörigkeiten zu teilweise starken und gut organisierten Minderheiten im Falle von offen ausgetragenen Konflikten ihre kriminelle Energie auch in interethnische Konflikte fließen lassen oder chaotische Situationen wie Aufstände für Plünderungen, Vergewaltigungen und ähnliche Straftaten ausnutzen könnten. Staatliche Interventionsmöglichkeiten, diese Gewaltherde zu ersticken, lägen in erster Linie in der der Kriminalitäts- und Aufstandsbekämpfung sowie einer konsequenten Abschiebung.

Organisierte Kriminalität

Im Bereich des organisierten Verbrechens ist unabhängig von ethnischer Herkunft von einer hohen Gewaltaffinität auszugehen. Besonders die hohe Anzahl an illegalen Schußwaffen, die in den jeweiligen Milieus wie Drogenbanden und Motorrad Clubs (Rocker) vermutet werden kann, ist besorgniserregend. Die *FAZ* bezieht sich in einem Bericht aus dem Januar diesen Jahres auf Fachleute, die in Deutschland insgesamt 20 Millionen illegale Schußwaffen vermuten. Hinzu kommen klare ethnische Loyalitäten, die sich besonders in aufstrebenden Organisationen erkennen lassen: Im Rocker-Milieu haben sich unlängst die »Osmanen Germania«, eine dezidiert türkische Rocker-Organisation, herauskristallisiert, die neben arabischen und kurdischen Großfamilien-Clans ein weiteres Indiz für die These sind, daß gerade im organisierten kriminellen Sektor verstärkt mit ethnokulturellen Bündnissen zu rechnen ist. Die teilweise hohe Anzahl ihrer Mitglieder, ihre Erfahrung im Umgang mit Waffen und ihre Vernetzung machen dabei eine besondere Bedrohung aus, die sie im Falle eines größeren Gewaltausbruchs vermutlich für sich gewinnbringend einsetzen würden. Auch die Verbindungen zwischen organisierter Kriminalität und politischem bzw. religiösem Extremismus sind fließend. So kann diese beispielsweise ihrer Geschäftstätigkeit nachgehen, indem sie Terroristen Schußwaffen verkauft oder Extremisten mit anderen verbotenen Gegenständen versorgt. Den Verdacht auf derartige Verbindungslinien zwischen Terrorismus und organisierter Kriminalität hat es bereits mehrfach gegeben, zuletzt nach den islamistischen Anschlägen in Paris im November 2015.

Aber auch unabhängig von der Unterstützung von Terroristen kann die organisierte Kriminalität einen bedeutenden Einfluß auf den Verlauf von Gewaltausbrüchen nehmen. Sie kann potentielle Konfliktparteien mit Waffen versorgen oder bei einem teilweisen staatlichen Kontrollverlust versuchen, durch vermehrte öffentliche Präsenz in dieses Machtvakuum zu stoßen und offen ihre Ansprüche durchzusetzen. Gerade die sogenannten Motorrad Clubs (MCs) demonstrierten bereits in der Vergangenheit einen Hang dazu, in die öffentliche Ordnung einzugreifen, wenn es ihnen geboten und möglich erschien. So gab es mehrere Fälle von Straßenblockaden durch Vereinigungen wie die »Hells Angels«. Offen ausgetragene Revierkämpfe, bei denen regelmäßig Schußwaffen Gebrauch finden, gehören dabei ebenfalls zu ihrem Handlungsrepertoire. Bereits jetzt zeigen diese Organisationen offen ihre Verachtung für den Rechtsstaat. Sollte sich dieser, aus welchem Grund auch immer, weiter zurückziehen, ist es sehr gut vorstellbar, daß derlei Gruppen sich dazu berufen fühlen, diese Lücke selbst auszufüllen. Je nachdem, um welche Art von Rockergruppe es sich handelt, kann dies unterschiedliche Folgen haben: Eine türkische Rockergang wird sich vermutlich anders aufführen, als eine Gruppe von deutschen Altrockern – gerade wenn der Grund für den staatlichen Kontrollverlust ethnische Konflikte zur Ursache hat.

Abseits von solchen Vereinigungen gibt es allerdings noch andere Ausprägungen der organisierten Kriminalität, die nicht weniger bedeutsam sind, wenn man ihr Gewaltpotential und ihre weitgehende ethnische Homogenität bedenkt. *Die Welt* berichtete am 10. April 2016 mit der zutreffenden, aber erschreckenden Schlagzeile »Berlins Unterwelt ist verloren an die arabischen Clans« über dieses Phänomen. Gerade in Ballungsräumen gliedert sich die organisierte Kriminalität nach Ethnien auf. In Berlin besteht diese zu großen Teilen schlicht aus Ausländern. Aus einem Lagebericht zur organisierten Kriminalität des BKA aus dem Oktober 2015 geht hervor, daß Ausländer beinahe zwei Drittel aller insgesamt 8.700 Tatverdächtigen ausmachen. Von diesen sind 62,6 Prozent Nichtdeutsche, 36,1 Prozent Deutsche. Das BKA fügt allerdings an: »318 deutsche Tatverdächtige (10,1 %) besaßen eine abweichende Geburtsstaatsangehörigkeit.« Darüber, wie viele Tatverdächtige mit Migrationshintergrund nun noch in die Anzahl der deutschen Tatverdächtigen mit hinein gerechnet werden müßten, kann nur spekuliert werden. In der *Welt* schilderten Ermittler, wie stark die Berliner Kriminalität von arabischen Clans geprägt ist und was dies zunehmend bedeutet: Araber, die über Aktivitäten in der organisierten Kriminalität zu Geld gelangt sind, seien nun dazu übergegangen, dieses Kapital in Immobilien zu investieren und diese Immobilien folglich als Asylbewerberunterkünfte zur Verfügung zu stellen. Profitieren davon können sie auf zweierlei Weise: Zum einen bekommen sie sehr großzügige staatliche Zuschüsse für eine Unterbringung von Asylbewerbern, zum andern rekrutieren sie die neu eintreffenden Asylbewerber für ihre bereits bestehenden kriminellen Strukturen. So wächst das Milieu weiter und bindet Menschen ohne Perspektive in Deutschland so früh wie möglich an sich.

Im Falle offener Konflikte sind die Akteure aus dem Bereich der organisierten Kriminalität ein besonders unberechenbarer und potentiell äußerst gefährlicher Faktor gerade in Gebieten, in denen sich das staatliche Gewaltmonopol nicht weiter durchsetzen läßt. In solchen Fällen fiele es dem deutschen Staat naturgemäß schwer, diesen Entwicklungen effektiv zu begegnen. Schon jetzt existieren zum Rechtsstaat parallele Milieus, in die dieser kaum vorzudringen vermag: Zeugen verweigern aufgrund von Bedrohungen regelmäßig ihre Aussage, Mitglieder von Banden und Großfamilien decken sich gegenseitig und verfügen über große Unterstützernetzwerke aus teilweise sehr guten Anwälten, die sie problemlos mit dem durch ihre kriminellen Tätigkeiten erwirtschaftetem Geld in der Lage sind zu finanzieren.

Entwicklung des politischen Extremismus

Im Unterschied zu gewöhnlichen Kriminellen oder

sogar der organisierten Kriminalität stellen politische Extremisten neben ihrer häufigen Gewaltaffinität auch die Systemfrage. In der deutschen Behördenpraxis ist Extremismus als eine »fundamentale Ablehnung des demokratischen Verfassungsstaates« (Bundesamt für Verfassungsschutz) definiert. Egal aus welcher Richtung dieser stammt, sind seine Anhänger der Ansicht, daß ihre Idee von der Organisation einer Gesellschaft die richtige ist und sind im Zweifel bereit, diese mit Gewalt durchzusetzen. Nach einem Überblick über die Entwicklungslage des politischen Extremismus insgesamt, werden im nächsten Abschnitt einige konkrete gewaltbereite Gruppen beleuchtet, die bei größeren Gewaltausbrüchen eine Rolle spielen könnten.

Politischer Extremismus existiert nicht im luftleeren Raum. Er will immer vermeintliche, von ihm als solche wahrgenommene gesellschaftliche Mißstände bekämpfen und Visionen und Utopien umsetzen, die seinen Vertretern als erstrebenswert erscheinen. Daher hängt auch die Anzahl seiner Anhänger und die Intensität, mit der er versucht, Einfluß auf die Gesellschaft zu nehmen immer, von aktuellen Entwicklungen ab. So hat sich das Verhalten politischer Extremisten seit Beginn der derzeitigen Asylkrise verändert. Diesem Abschnitt seien allerdings einige kurze Anmerkungen zur Arbeit des Verfassungsschutzes, der Extremismustheorie und zum Umgang mit den in Verfassungsschutzberichten aufgeführten Zahlen vorangestellt:

1. Jede Behörde, die einem bestimmten Zweck dient, hat ein Interesse daran, diesen Zweck selbst nicht obsolet werden zu lassen. Auf den Verfassungsschutz übertragen heißt dies, daß dieser möglicherweise Stellen- und Mittelkürzungen zu erwarten hätte, wenn für einen seiner Tätigkeitsbereiche wie etwa den Links- oder Rechtsextremismus die Anzahl der Beobachtungsgegenstände weniger oder unbedeutend werden würde. In der Praxis kann dies zur Folge haben, daß selbst bei einer Abnahme von relevanten politischen Aktivitäten Beobachtungen einfach fortgesetzt oder erweitert werden könnten, um dadurch Budgetkürzungen zu vermeiden – schließlich nimmt durch einen Rückgang extremistischer Aktivität das reale gesellschaftliche Risiko und somit die Bedeutung der Beobachtung ab. Die Behörde könnte in solchen Fällen ebenso dazu übergehen, ihre Definition von Extremismus zu erweitern, um keine Abnahme oder sogar eine Zunahme an Beobachtungsgegenständen zu schaffen, die die eigene Bedeutung und die eigenen Arbeitsbereiche sichern. Dieses Vorgehen ist bei weitem nicht auf den Verfassungsschutz oder gar nur auf staatliche Behörden beschränkt: So wie Wissenschaftler stets vermeintliche Neuigkeiten entdecken oder große Versprechungen über den Nutzen ihrer Forschung machen müssen, um Forschungsmittel zu akquirieren, so existiert die ökonomisch motivierte Versuchung, kreativ mit der Realität umzugehen auch auf behördlicher Seite.

2. Die Definition von Extremismus entstammt der deutschen behördlichen Praxis und wird hier ebenfalls aufgrund der Kürze dieses Bandes als Arbeitsgrundlage verwendet. Der Vollständigkeit halber muß allerdings angemerkt werden, daß diese Definition sowohl in der Politikwissenschaft umstritten ist, als auch von betroffenen politischen Gruppen abgelehnt wird. Die Extremismustheorie zeichnet das Bild einer politischen Mitte, die von den Seiten, den Extremen, bedroht ist und setzt somit eine vermeintlich ideologiefreie Mitte voraus und ordnet daher aufgrund rein formaler Kriterien die politischen Ansichten der »Ränder« als extremistisch ein – ohne beispielsweise sämtliche politische Milieus – auch die der »Mitte« – einer Ideologiekritik zu unterziehen.

3. So sind auch die Zahlen, die der Verfassungsschutz veröffentlicht, mit Vorsicht zu genießen. Wer in diesen Zählungen als Extremist geführt wird und wer nicht, entscheidet allein die Behörde. Auch bei der Frage der Gewaltbereitschaft bzw. der Gewaltorientierung stellen sich Schwierigkeiten dar: Gerade junge Männer neigen, unabhängig vom politischen Spektrum, in dem sie tätig sind, zu aggressivem Verhalten. Dies kann sich unter Umständen allerdings abrupt ändern, sobald strafrechtliche Verfolgung einsetzt oder sich ein Sinneswandel oder natürliche Reifeprozesse einstellen. Wer also vor einigen Jahren durchaus noch gewaltbereit war, ist es heute vielleicht schon nicht mehr, auch wenn er sich weiterhin politisch betätigt. Ebenso wie die Einordnung als Extremist, obliegt die Kategorisierung als gewaltorientiert ebenfalls dem Verfassungsschutz allein.

Dennoch hat im letzten Jahr eine nach außen hin sichtbare Zunahme extremistischer Aktivitäten stattgefunden. Auch dies läßt sich anschaulich am Beispiel Sachsens verdeutlichen, da sich dort verschiedene Entwicklungen in besonderem Maße verdichten. Nicht nur hat Sachsen eine äußerst aktive und gewaltbereite linksextremistische Szene, vor allem in Leipzig – auch existieren in Sachsen relativ starke rechtsextreme Strukturen. Zusätzlich wirkt sich die Asylkrise durch die auch im Alltag deutlich wahrnehmbare und sprunghaft gestiegene Anzahl von Migranten und Asylbewerbern dort besonders stark aus.

Diese Entwicklung ist es denn auch, die dazu beiträgt, daß die politisch motivierte Kriminalität (PMK) von rechts in Sachsen im letzten Jahr mit 2.415 Straftaten um knapp 39 Prozent anstieg. Mit darunter fallen u.a. auch 118 Angriffe auf die insgesamt 225 Asylbewerberheime. Was bei dieser Entwicklung aber leicht übersehen wird, ist, daß seit dem Jahr 2012 die politisch motivierte Kriminalität von links im Freistaat stetig zugenommen hat, während die von rechts motivierte in diesen Jahren gleich hoch geblieben ist: Für linksextreme Straftaten von 2012 bis 2015 mußte eine Gesamtzunahme von stattlichen 146 Prozent konstatiert werden. Im Vergleich zum Vorjahreszeitraum 2014 sind dies für 2015 mit 1.058 Straftaten immerhin 24 Prozent Zunahme. Die Personenzahl der Linksextremisten ist in Sachsen währenddessen mit knapp 800 Anhängern konstant geblieben, was auf eine deutliche Radikalisierung hinweist.

Daß der Umgang im politischen Diskurs zwischen links und rechts härter geworden ist, sieht man auch deutlich am Anstieg der politisch motivierten Gewalttaten. Eine bundesweite Auswertung der politisch motivierten Kriminalität (PMK) wurde zuletzt am 23. Mai 2016 vom Bundesinnenminister Thomas de Maizière (CDU) vorgestellt: »Die Zahl der politisch motivierten Straftaten ist 2015 um 19,2 % deutlich angestiegen und in den Bereichen *PMK rechts* und *PMK links* auf dem höchsten Stand seit 2001. Insgesamt wurden 38.981 politisch motivierte Straftaten verzeichnet, darunter 22.960 im Bereich der *PMK rechts* (+ 34,9 %) und 9.605 im Bereich der *PMK links* (+ 18,3 %). Die Zahl der Gewalttaten ist mit einem Anstieg um 30,7 % ebenfalls auf einem neuen Höchststand angelangt. Der Anstieg ist vor allem auf eine Zunahme der politisch rechts- (+ 44,3 %)

und linksmotivierten (34,9 %) Gewaltdelikte zurückzuführen. Deutlich gestiegen ist mit 3.007 Fällen (+ 31,6 %) der Anteil der Körperverletzungen an den Gewalttaten im Bereich politisch motivierter Straftaten. Hervorzuheben sind auch hier die Anstiege in den Bereichen *PMK links* auf 1.354 Köperverletzungen (+ 46,5 %) und im Bereich der *PMK rechts* auf 1.177 Fälle (+ 30,7 %). Im Jahr 2015 kam es in 20 Fällen zu versuchten Tötungsdelikten. Acht Taten sind jeweils der *PMK rechts* und *PMK links*, drei dem Bereich *PMK Ausländer* zuzurechnen.« Auch bei diesen Zahlen gelten ähnliche Einschränkungen in Bezug auf das Dunkelfeld, wie sie bereits im Abschnitt zur Kriminalität angeführt wurden.

Strömungen

Es gibt, grob unterteilt, drei wesentliche Richtungen des politischen Extremismus in Deutschland: Den Links- und Rechtsextremismus und den islamistisch motivierten Extremismus. Auch wenn der Verfassungsschutz noch eine vierte Gruppe, zu den bereits genannten führt, nämlich die des Ausländerextremismus, wird bei einem genaueren Blick deutlich, daß dieser sich ebenso in jene klassischen Muster einordnen lassen kann, wenngleich diese zusätzliche Differenzierung gerade im Rahmen der Informationsgewinnung für die behördliche Beobachtung von Bedeutung ist.

Doch ein überwiegender Teil des Ausländerextremismus, der vom Verfassungsschutz noch einmal vom islamistischen Extremismus unterschieden wird, fällt in den Bereich des Linksextremismus und vermischt sich zunehmend mit der deutschen linksextremen Szene. Beispiele dafür sind u.a. kurdische Gruppen, die der PKK nahe stehen und die nun immer häufiger mit Strukturen der »Antifa« kooperieren. Die linksextreme Szene ist in verschiedene Gruppen gespalten und zerstritten. Strategie- und Strukturdebatten haben dies in Teilen verstärkt. So machen beispielsweise Abgrenzungsbemühungen von Autonomen und Post-Autonomen eine der größten Bruchlinien innerhalb der extremistischen Linken aus. Während die Autonomen eine offene Nutzung von Gewalt zur Durchsetzung ihrer Ziele (wie die »Abschaffung des Kapitalismus« oder die »herrschaftsfreie Gesellschaft«) befürworten und sich dabei zunehmend in klandestinen Kleingruppen organisieren, versuchen Post-Autonome, mehr gesellschaftliche Relevanz und Akzeptanz zu erlangen, indem sie die autonome Gewaltaffinität modifizieren und offene Gewaltanwendung nur dort zum Einsatz kommen lassen wollen, wo diese legitimiert sei. Post-Autonome organisieren sich seit einiger Zeit in überregionalen Bündnissen und organisatorischen Strukturen, die von Autonomen abgelehnt werden.

Die Interessen- und Arbeitsschwerpunkte innerhalb des Linksextremismus sind recht unterschiedlich und reichen von gewerkschaftlicher Arbeit über Feminismus und Antifaschismus bis hin zum Versuch, den Kommunismus zu erstreiten. Im Zusammenhang mit politisch motivierter Kriminalität von links tritt besonders die »Antifa« in Erscheinung, die ihren Arbeitsschwerpunkt auf die Bekämpfung von vermeintlichen und tatsächlichen Rechtsextremisten legt und dabei reichlich Gebrauch allerhand illegaler Mittel macht, die von Demonstrationsblockaden bis zu körperlichen Angriffen reichen. Gerade im letzten Jahr haben sich derlei Aktivitäten dieser Szene deutlich verstärkt. Der derzeitige Rechtsruck in Deutschland trägt stark dazu bei, daß die »Antifa« einen besonderen Handlungsbedarf sieht. Das Bundesamt für Verfassungsschutz gibt die Gesamtzahl von Linksextremisten mit 27.200 an, von denen 7.600 als gewaltorientiert gelten. Die linksextremistische Szene hat es bislang allerdings nicht vermocht, sich zu konsolidieren und über ihre Zirkel hinaus gemeinsam militante Aktionen zu koordinieren. Ähnliches gilt für die rechtsextreme Szene, für die erschwerend hinzu kommt, daß diese mittlerweile weitgehend sozial und politisch isoliert ist. Das Gewaltpotential militanter Rechtsextremisten wird vom Bundesamt für Verfassungsschutz allerdings als generell hoch eingestuft. Die rechtsextremistische Szene, die hinter vielen Demonstrationen und Vorfällen des letzten Jahres vermutet wird, ist ihrerseits ebenso in unterschiedliche Gruppen zergliedert, die sich teilweise verfeindet gegenüberstehen. Die von deutschen Rechtsextremisten verfolgten Ziele sind nicht derart klar feststellbar, wie die ihres linken Gegenübers, da der hohe Ermittlungsdruck, der auf dieser Szene lastet, dazu führt, daß politische Ziele oftmals nicht explizit, sondern eher vage beschrieben werden. Davon dürften allerdings die meisten mit der Errichtung eines mehr oder weniger totalitären Regimes zusammenhängen, das nach Ansicht vieler Rechtsextremisten die einzig verläßliche Art und Weise darstellt, die Verteidigung deutscher Interessen und eine deutsche Zukunft sicherzustellen. Bundesweit schätzt der Verfassungsschutz die Zahl aller Rechtsextremisten auf 21.000 und die Anzahl derer, die als gewaltorientiert eingestuft werden, auf 10.500 und beobachtet ähnlich wie bei der Linken eine deutliche Zunahme von politisch motivierten Straftaten seit Beginn der Asylkrise.

Islamistische Extremisten stellen nach außen einen recht einheitlichen Block dar, wenngleich es auch unter ihnen eine Vielzahl verschiedener Gruppen gibt, die nicht alle die gleichen Ziele verfolgen. Gemeinsam ist ihnen allerdings die Bestrebung, in Deutschland eine göttliche Ordnung nach ihren vom Islam geprägten Vorstellungen aufzubauen. In ganz Deutschland werden etwa 43.890 islamistische Extremisten vermutet, die vom Bundesamt für Verfassungsschutz auch nicht weiter nach dem Grad ihrer Gewaltorientierung unterschieden werden. Die islamistisch motivierten Extremisten in der Bundesrepublik werden zum großen Teil durch die türkische Organisation »Millî Görüş« (»Nationale Sicht«) gebündelt, aber auch die salafistische Szene gewinnt in den letzten Jahren merklich an Bedeutung. Ihre Rolle bei der Rekrutierung für dschihadistische Tätigkeiten im vom *Islamischen Staat* kontrollierten Gebiet gilt als federführend. Nahezu alle von Deutschland in das Bürgerkriegsgebiet im Nahen Osten Gereisten hatten zuvor Kontakt mit salafistischen Strukturen.

Besorgniserregend ist das Personenpotential der islamistisch motivierten Extremisten: Im Beobachtungszeitraum 2014 liegt dies mit 43.890 deutlich über dem der deutschen Links- und Rechtsextremisten, die jeweils auf 27.200 (davon 7.600 Gewaltorientierte) respektive 21.000 (davon 10.500 Gewaltorientierte) kommen. Zusätzlich dazu zählt das Bundesamt für Verfassungsschutz noch 29.330 Personen im nicht-islamistischen Ausländerextremismus. Auch wenn diese in Teilen dem Islamismus selbst feindlich gegenüberstehen, kommt damit doch eine Gesamtzahl von 73.220 ausländischen Extremisten in Deutschland zusammen. Unter den ausländischen politischen Aktivisten in Deutschland nimmt nach wie vor die kurdische PKK und ihr Umfeld die Vorreiterrolle ein. Ihre öffentlichen Aktionen sind in jüngerer Zeit hauptsächlich gewaltfrei gewesen, doch bietet ihre Ideologie jederzeit Raum für gewaltsame Betätigung. Gerade die Anbindung der deutschen PKK an die Mutterorganisation in den kurdischen Gebieten der Türkei macht dies deutlich, da dort weiterhin militant gegen den türkischen Staat vorgegangen wird. Auch außerhalb dieser Gebiete sind aus dem Umfeld der PKK in letzter Zeit Anschläge auf staatliche Einrichtungen in der Türkei verübt worden. Die Verbindung in die Türkei macht potentiell also ein Einsickern von paramilitärisch geschulten Kadern möglich, die auch in Deutschland in dieser Funktion aktiv werden könnten.

Bei Links- und Rechtsextremisten gibt das Bundesamt für Verfassungsschutz eine Einschätzung zur Gewaltaffinität der jeweiligen Szenen an, beim Ausländerextremismus sowie islamistischem Extremismus ist dies bisher nicht der Fall. Daher ist eine abschließende Einschätzung des tatsächlichen Eskalationspotentials dieser Gruppen nur annähernd möglich. Generell ist der extremistische Bereich allerdings grundsätzlich zu weiten Teilen prinzipiell gewaltbereit und eine innerdeutsche Krise könnte dazu beitragen, mehr Extremisten, als bisher geschätzt, militant werden zu lassen. Daher sollte diesbezüglich vorsichtshalber mit dem gesamten Personenpotential der jeweiligen Milieus gerechnet werden.

Eine offene Eskalation der Gewalt kann von diesen Akteuren nicht nur provoziert, sondern auch maßgeblich mitgestaltet werden. Staatliche Interventionsmöglichkeiten hängen dabei stark vom

Maß der geheimdienstlichen Durchdringung dieser Strukturen ab. Vereine, vereinsähnliche Strukturen und Organisationen können relativ leicht verboten werden, Parteien jedoch nur durch das Bundesverfassungsgericht. Ob derlei Maßnahmen im Falle eines Gewaltausbruchs eine Deeskalation bewirken können, hängt stark davon ab, wie sehr jeweilige Extremisten auf diese Strukturen angewiesen sind. Oftmals wird in diesen Milieus das Konzept von unabhängigen Zellen angewandt, welche sich auch im Falle eines Schlages gegen die übergeordneten Organisationen weiter am Leben halten können. Im Falle eines Rückgriffs auf derlei taktische Optionen ist eine enge Verzahnung von polizeilichen und geheimdienstlichen Maßnahmen unerläßlich, um die von diesen Zellen ausgehende Gewalt zu stoppen.

Gewaltbereite politische Gruppen

Neben den eher lose organisierten Extremisten unterschiedlicher Couleur gibt es einige gewaltbereite politische Gruppen, auf die hier näher eingegangen werden muß, um ihr jeweiliges Gefährdungspotential im Rahmen möglicher innenpolitischer Eskalationen zu beleuchten.

Der Verfassungsschutz sieht die größte Gefahr gewalttätiger Übergriffe und Anschläge von links ausgehend bei sogenannten Autonomen. Diese sind oft – aber nicht ausschließlich – im Umfeld der »Antifa« zu finden. Seit einigen Jahren beobachtet der Verfassungsschutz, daß diese sich immer häufiger in Kleingruppen organisiert, um sich so der Überwachung des Staates zu entziehen. Innerhalb dieser Kleingruppen werden Anschläge vorbereitet und durchgeführt, ohne daß Außenstehende Einblicke in die Organisationsabläufe oder die involvierten

Personenkreise haben. Überfälle auf Parteibüros des politischen Gegners, Angriffe auf Polizeistationen, Brandstiftungen oder Überfälle auf Einzelpersonen können so trotz der geringen Personenzahl ausgeführt werden, da der Überraschungseffekt bei den Opfern abwehrende Vorbereitungen unwahrscheinlich macht. Solche gewalttätigen autonomen Gruppen existieren vor allem dort, wo es starke linksextremistische Milieus gibt. Großräume um Städte wie Berlin, Hamburg, Leipzig, Frankfurt und das Ruhrgebiet gelten dabei als Schwerpunkte ihrer Aktivitäten.

Auf der Seite der Rechtsextremisten existieren höchstwahrscheinlich ähnliche Gruppierungen, die sich im Umfeld der »Freien Kameradschaften« oder deren Nachfolgezusammenschlüssen bewegen. Ob diese allerdings einen vergleichbaren Organisationsgrad wie linksautonome Gruppen aufweisen, darf bezweifelt werden. Oft zogen derlei Vereinigungen in den letzten Jahren staatliche Aufmerksamkeit auf sich und wurden in der Folge verboten. Zwei bekanntere Fälle waren das jeweilige Verbot der »Underground Society« und der »Weisse Wölfe Terrorcrew« (WWT). Bei Hausdurchsuchungen von Mitgliedern der WWT fand man u.a. verbotene Waffen und Kleinkalibergewehre. In sogenannten Werwolf-Kommandos, die vermutlich Anschläge auf Asylbewerberheime geplant hatten, sah die Vereinigung ihren Zweck. Allerdings finden auch von Rechtsextremisten erfolgreiche Angriffe auf verschiedene Ziele wie politische Gegner statt. Diese haben ihren Ursprung vermutlich in klandestinen Kleingruppen, die mit denen der Linken und der »Antifa« prinzipiell vergleichbar sein, allerdings in weitaus geringerer Zahl existieren dürften.

Die gewalttätigen Gruppen der Linken werden je doch noch ergänzt von ausländischen Extremisten. Besonders im Umfeld der PPK-nahen kurdischen Organisationen und der türkischen DHKP-C, einer marxistisch-leninistischen Terrororganisation, sammelt sich in Deutschland im ausländerextremistischen Bereich das Gewaltpotential. Immer öfter gab es gerade seit Beginn des Bürgerkrieges in Syrien gewalttätige Auseinandersetzungen in Deutschland zwischen Kurden aus dem PKK-Umfeld und Islamisten und türkischen Nationalisten. Letztere gehören oftmals zur »Ülkücü«-Bewegung, deren Anhänger auch als »Graue Wölfe« bekannt sind. In diesen sieht der Verfassungsschutz ein besonderes Risiko: »Konflikte in der Türkei, insbesondere im Zusammenhang mit der Kurdenpolitik, finden ihre Fortsetzung in Deutschland. Mit den jugendlichen Anhängern der ›Ülkücü‹-Bewegung ist das Potential für gewalttätige Auseinandersetzungen vorhanden«, heißt es dazu im Bundesverfassungsschutzbericht über das Beobachtungsjahr 2014. Die Anzahl dieser »jugendlichen Anhänger« wird auf 3.000, die offiziellen Mitglieder des dazugehörigen Vereins auf nochmal 7.000, die Anzahl der PKK-Anhänger in Deutschland auf 14.000, die der türkischen Kommunisten um DHKP-C und anderen Vereinigungen auf knapp 2.500 geschätzt.

Im Bereich des islamischen Extremismus ist der Salafismus abgesehen von expliziten Terrororganisationen gemäß den Einschätzungen des Verfassungsschutzes die gewaltbereiteste Strömung. Ihr werden 7.000 Anhänger zugerechnet. Von ihrer Seite ausgehend hat es bereits vielfach Angriffe auf die deutsche Polizei gegeben. Am 5. Mai 2012 beispielsweise hatte ein Salafist in Bonn während einer Demonstration zwei Polizisten mit einem Messer angegriffen. Diese schützten eine Versammlung von *Pro NRW*, auf der die berüchtigten Mohammed-Karikaturen öffentlich gezeigt wurden.

Terroristische Organisationen
Besondere Aufmerksamkeit kommt bei der Frage nach den Möglichkeiten eines Gewaltausbruchs terroristischen Vereinigungen zu, die im Bundesgebiet aktiv sind und dies auch in Zukunft vermehrt sein könnten.

Im Bereich des Linksterrorismus gibt es zwar einiges Potential zu terroristischer Gewalt, aber keine derzeit aktiven Gruppen. Terrorismus von rechts ist seit dem Bekanntwerden des NSU (*Nationalsozialistischer Untergrund)* wieder vermehrt in der öffentlichen Wahrnehmung, doch bei den in letzter Zeit verbotenen Vereinigungen kann neben Anschlagsplänen kaum etwas an tatsächlicher Aktivität nachgewiesen werden. Bedacht werden sollte außerdem, daß die Aufarbeitung des – auch behördlichen – Komplexes rund um den NSU nach wie vor nicht abgeschlossen ist. Insbesondere muß das Ausmaß der geheimdienstlichen Verstrickung in die Taten des NSU noch geklärt werden.

Seit Beginn der Asylkrise hat allerdings die Anzahl von Brandanschlägen auf zumeist geplante Asylbewerberunterkünfte stark zugenommen, die im Einzelfall sicherlich als Terroranschläge eingestuft werden müssen, aber mehrheitlich von unorganisierten Tätern verübt wurden. Im Linksextremismus ist ein ähnliches Bild zu erkennen, wobei sich die Frage stellt, wann von politisch motivierter Gewalt und wann von Terrorismus zu sprechen ist. Zweifelsohne terroristische Absichten gemäß allgemeiner Einstufungen von Terrorismusexperten, die nicht notwendigerweise mit der Legaldefinition von Terrorismus übereinstimmen müssen, haben einige auf deutschem Boden agierende Gruppen aus dem islamistischen Bereich. Dabei spielen besonders Heimkehrer aus Syrien oder anderen vom *Islamischen Staat* besetzten Gebieten eine Rolle. In Deutschland gibt es nach Länderschätzungen aus dem Dezember 2015 447 sogenannte islamistische Gefährder: Personen, denen »Straftaten von erheblicher Bedeutung« zugetraut werden. Etwa 700 Islamisten sind aus Deutschland in die Gebiete des IS ausgereist – ungefähr 250 von ihnen sind zurückgekehrt. Bei mindestens 70 von ihnen geht man davon aus, daß sie bereits Kampferfahrung gesammelt haben.

Sicherheitsexperten sind sich darin einig, daß islamische Terrorgruppen in Deutschland mittlerweile ebenfalls dazu in der Lage sind, ähnliche Angriffe wie jene in Paris im Jahr 2015 durchzuführen. Erst im Juni 2016 vereitelten deutsche Behörden einen großangelegten Anschlag in Düsseldorf. Dort sollten nach Informationen des *Spiegel* zehn Attentäter mit Sprengstoffwesten und Maschinengewehren möglichst viele zivile Opfer töten. Die Verdächtigen werden dem IS zugerechnet. Bereits im November 2015 mußte ein Fußballländerspiel in Hannover abgesagt werden. Ein ausländischer Geheimdienst hatte das deutsche Innenministerium vor einem Anschlag mit mehreren Bomben im Stadion gewarnt. Auch zum Jahreswechsel 2015 kam es in München zu einer Terrorwarnung. Zwei Bahnhöfe, darunter der Münchner Hauptbahnhof, mußten deshalb evakuiert werden. Informationen über einen möglichen Anschlag hatte der BND von Hinweisgebern aus dem Irak erhalten. Demnach hatten die Attentäter geplant, zunächst einen kleineren Anschlag zu begehen und nach dem Eintreffen der Sicherheits- und Rettungskräfte noch einen größeren anzuschließen.

Auch mit der immer weiter zunehmenden Zahl an Asylbewerbern steigt die Terrorgefahr, da sich – mittlerweile nachweislich – auch Terroristen unter diesen befinden. Der *Islamische Staat* hatte bereits 2015 angekündigt, Kämpfer nach Europa zu schleusen. Mittlerweile haben auch BND und Bundesverfassungsschutz die Folgen dieser Absicht bestätigt. Allerdings könne man die Anzahl der über die sogenannten Flüchtlingsrouten eingereisten Terroristen nicht abschließend einschätzen. Der Verfassungsschutz weist jedoch darauf hin, daß sich vermehrt Radikalisierungsprozesse in Asylbewerberheimen ereignen, da besonders Salafisten dort gezielt missionieren würden. Im Juni 2016 hat das BKA 244 Fälle von Asylbewerbern registriert, die mit Terrorgruppen sympathisieren. Da es bisher keine größeren, erfolgreichen islamischen Terroranschläge in Deutschland gegeben hat, ist schwer einzuschätzen, wie darauf reagiert werden würde, sollte dies in Zukunft gelingen. Es ist durchaus denkbar, daß Rechtsextremisten sich dazu veranlaßt sehen könnten, daraufhin beispielsweise Anschläge auf Moscheen zu verüben. Dies birgt die Gefahr eines größeren Gewaltausbruchs, da sich in diesem Falle wiederum Muslime genötigt sehen könnten, ihrerseits Vergeltung zu üben. Ausgehend jedoch von den bisher in Europa zu beobachtenden Reaktionen auf derlei Vorkommnisse, ist damit nicht unmittelbar zu rechnen. Das deutsche Volk würde auf so etwas vermutlich ähnlich reagieren, wie es bereits das britische, spanische, französische und belgische tat: weitgehend passiv. So war es auch, als im Juli 2016 in

Würzburg und Ansbach Attacken mit islamistischem Hintergrund verübt wurden und ein Amoklauf eines Deutsch-Iraners in München für Entsetzen sorgte. Außer der Artikulation von Betroffenheit und Empörung sowie der Ankündigung seitens der Politik, ein neues Sicherheitspaket zu schnüren, passierte nichts von größerer Bedeutung.

Exkurs: Bürgerwehren

Seit Beginn der Asylkrise geistert ein Phänomen durch die deutsche Medienlandschaft, das hier ebenfalls besprochen werden muß, wenngleich es ein wenig aus dem Rahmen fällt. Bürgerwehren nämlich sind in der Regel oder zumindest der Definition nach eben weder kriminell, politisch extrem oder terroristisch ausgerichtet. Auch wenn es in dieser Hinsicht bedenkliche Entwicklungen gibt, die ebenso thematisiert werden müssen. Grundsätzlich sind Bürgerwehren historische Relikte, die in der Gegenwart keine besondere Bedeutung mehr haben, da diese durch ausgebildete Sicherheitskräfte wie Polizei und Militär oder Security-Dienstleister abgelöst wurden. Doch ist das Konzept einer nicht paramilitärischen Bürgerwehr, häufig Bürgerstreife genannt, auch auf heute übertragbar und das Interesse von immer mehr Bürgern daran angesichts eines zunehmenden Verlustes der staatlichen Durchsetzungsfähigkeit von Recht und Ordnung nicht verwunderlich.

Besonders nach den muslimischen Silvesterattacken auf Frauen in Köln und anderen deutschen Städten nahm das Thema Bürgerwehr an Fahrt auf. Problematisch daran ist, daß es in Deutschland keinen rechtlichen Rahmen für derlei Vereinigungen gibt, außer den Jedermannsparagraphen 127 der Strafprozeßordnung: »Wird jemand auf frischer Tat betroffen oder verfolgt, so ist, wenn er der Flucht verdächtig ist oder seine Identität nicht sofort festgestellt werden kann, jedermann befugt, ihn auch ohne richterliche Anordnung vorläufig festzunehmen.« Demnach haben derlei oft nachbarschaftliche Zusammenschlüsse zur Gefahren- und Kriminalitätsprävention keine anderen Rechte als jeder andere Bürger auch. Das Gewaltmonopol liegt beim Staat allein. Daher ist auch die Gefahr hoch, daß selbsternannte Bürgerwehren ihre tatsächlichen rechtlichen Befugnisse überschreiten, weshalb die Polizei generell mit gemischten Gefühlen auf die Entwicklung der gehäuften Entstehung solcher Gruppen reagiert. Einerseits können sie tatsächlich sinnvoll zur Stiftung von nachbarschaftlicher Aufmerksamkeit und damit eines höheren Sicherheitsgefühls beitragen, andererseits besteht die Gefahr, daß sich unter diesem Vorwand Vereinigungen bilden, deren Ziele tatsächlich darüber hinausgehen. Einen solchen Fall, in dem sogar der Verdacht des Terrorismus ins Spiel gebracht wurde, gab es unlängst im sächsischen Freital.

Aber was genau ist Terrorismus eigentlich? Wie kommen Behörden dazu, eine »Bürgerwehr«, in diesem Fall die »Gruppe Freital« dessen zu bezichtigen? Wer anfängt, sich mit dieser Frage auseinanderzusetzen, stellt schnell fest, daß es keine einheitlichen Definitionen dazu gibt. Selbst die deutsche rechtliche Definition ist äußerst flexibel formuliert. Darin heißt es u.a.: Terrorist ist, wer einer Organisation angehört, die »die Bevölkerung auf erhebliche Weise einzuschüchtern, eine Behörde oder eine internationale Organisation rechtswidrig mit Gewalt oder durch Drohung mit Gewalt zu nötigen oder die politischen, verfassungsrechtlichen, wirtschaftlichen oder sozialen Grundstrukturen eines Staates oder einer internationalen Organisation zu beseitigen oder erheblich zu beeinträchtigen (versucht), und durch die Art ihrer Begehung oder ihre Auswirkungen einen Staat oder eine internationale Organisation erheblich schädigen kann.« Eine andere Definition, die von Tamar Meisels, einer israelischen Professorin und Terrorismusexpertin, lautet so: Terrorismus ist »der beabsichtigte, wahllose Mord von schutzlosen Nichtkombattanten, der mit der Absicht durchgeführt wird, einer zivilen Bevölkerung als Strategie zur Durchsetzung politischer Ziele Angst vor tödlicher Gefahr einzuflößen«. Es gibt noch unzählige vergleichbare Definitionen von Terrorismus, weshalb es so schwierig ist, etwas tatsächlich als Terrorismus zu bewerten, was sich nicht eindeutig genug verhält.

Nicht eindeutig genug sind nämlich die Aktivitäten der »Gruppe Freital«. Sie nutzte »Polenböller«, die zugegebenermaßen eine enorme Sprengkraft entwickeln können, zur Zerstörung eines Autos eines Linken-Politikers und von Fenstern in Asylbewerberunterkünften. Getötet wurde dabei niemand. Es gab in einem Fall leichte Verletzungen, durch umherfliegende Glassplitter. Der Staat oder die Gesellschaft wurde dadurch nicht ansatzweise bedroht. Schönreden oder gar verteidigen will das dennoch niemand. In einen angemessenen Kontext setzen muß man es aber: Solche Straftaten, wie sie der »Gruppe Freital« angelastet werden, sind bereits seit Jahrzehnten fester Bestandteil außerparlamentarischer aktivistischer Gruppen der Linken, allen voran der »Antifa«. Allein für April 2016 zählt der Verein *Forschungsgruppe Extremismus und Militanz* zwölf Brandstiftungen von Linksextremisten, von der eine beinahe in einem tödlichen Unglück endete, als ein in Brand gesetzter Schuppen einer Göttinger Studentenverbindung so lichterloh brannte, daß die Flammen auf ein angrenzendes Wohnhaus übergriffen. Derlei Anschläge sind nichts Neues, nur folgen darauf selten Einsätze wie in Freital, zu dem gar die berüchtigte GSG 9 ausrückte. Dennoch tragen genau solche Fälle dazu bei, daß Bürgerwehren keine allzu großen öffentlichen Sympathiebekundungen hervorrufen.

Ein weiterer Fall einer Bürgerwehr, der für Schlagzeilen sorgte, trug sich im Mai 2016 im sächsischen Arnsdorf zu. Dort überwältigten vier Bürger, darunter ein lokaler CDU-Politiker, einen aggressiven irakischen Asylbewerber. Die Polizei wurde am Tag des Vorfalls offenbar bereits zweimal durch Mitarbeiter des betroffenen Supermarktes gerufen und hatte zu verstehen gegeben, nicht noch ein weiteres Mal anrücken zu wollen. Als der angeblich psychisch kranke Asylbewerber trotzdem wenige Stunden danach erneut im Supermarkt stand und die Kassiererin mit einer Weinflasche bedrohte, griffen vier Bürger ein, nahmen ihm die Flasche ab und führten ihn nach einer kurzen Rangelei nach draußen ab, wo sie ihn an einem Bäumchen fixierten, nachdem sich der Täter wehrte. Zugleich verständigten sie die Polizei, die daraufhin anrückte, den Bürgern in ihrer Vorgehensweise eindeutig angemessenes Verhalten bescheinigte und sich für ihre Zivilcourage bedankte.

Im Nachgang dieses Ereignisses schäumte allerdings die Presse vor Verurteilung der »Bürgerwehr« über, doch bekräftigte die Polizei weiterhin die Verhältnismäßigkeit und so verstummte die Aufregung rasch wieder. Dieser Fall zeigt im Kontrast zu dem, was der »Gruppe Freital« vorgeworfen wird, was eine Bürgerwehr tatsächlich leisten könnte, wenn sie sich im Rahmen der Gesetze bewegt und dabei keine politischen Ziele verfolgt oder gar die Systemfrage stellt. Tut sie das und überschreitet dabei auch noch vehement den ihr rechtlich zugestandenen Rahmen, kann sie schwerlich als konstruktiver Teil der Wiederherstellung von Recht und Ordnung bewertet werden.

Mögliche Szenarien eines Gewaltausbruchs

Kommt es tatsächlich zu einem größeren Gewaltausbruch, gibt es mehrere Szenarien, was sich aus dieser Situation entwickeln kann. Derlei Prognosen sind äußerst schwierig, da solch komplexe Geschehnisse stets durch multiple Variablen beeinflußt werden. Dennoch können prinzipielle Möglichkeiten, deren grobe Wahrscheinlichkeiten und Wechselwirkungen angegeben werden. Selbst große Geheimdienste, die auf nahezu unendliche Datenmengen zugreifen können, sind nicht imstande, zuverlässige Prognosen dieser Art zu erstellen. Einschätzungen aus diesem Sektor bilden dennoch die Grundlage der folgenden Szenarien, die in der Praxis häufig nicht immer voneinander abgrenzbar sind.

Aufstände und Revolution

Die naheliegendsten und auch bereits in jüngerer Zeit in Europa beobachteten Gewaltausbrüche sind Aufstände. Die immer wieder brennenden Vorstädte von Paris (*Banlieues*) und die tagelangen Ausschreitungen und Plünderungen in London 2011 sind anschauliche Beispiele dafür. Auch in den USA ist dieses Phänomen bekannt und tritt seit Jahrzehnten im Zusammenhang mit multiethnischen Konflikten auf, weshalb dort auch diesbezüglich von *Race Riots* (Rassenaufständen) gesprochen wird.

Gewaltausbrüche dieser Art können äußerst heftig sein und viele Opfer und große Schäden zurücklassen. Beim Aufstand in Los Angeles im Jahr 1992 kamen beispielsweise 55 Menschen zu Tode, während ein Sachschaden von über einer Milliarde US-Dollar entstand. Trotzdem finden sie zumeist ein rasches Ende nach wenigen Stunden oder Tagen – spätestens nach einigen Wochen, wie bei den Aufständen in Frankreich im Jahr 2005. Historisch gab es allerdings auch Fälle, in denen Aufstände den Auftakt eines Regimesturzes einleiteten, wie etwa während der Französischen Revolution, des Sturzes des russischen Zaren oder des Arabischen Frühlings.

Die Art von Aufständen, die in Deutschland befürchtet werden, könnten gerade in Anbetracht von Masseneinwanderung, fehlgeschlagener Integration und anhaltender Asylkrise aller Voraussicht nach ethnischer Natur sein. Die ethnischen Grenzen, die unsere Gesellschaft durchziehen, würden in wesentlichen Teilen auch die Konfliktparteien solcher Aufstände bestimmen. Dies kann allerdings, wie bereits zu anderen Gelegenheiten, wie in den Gewaltausbrüchen in Frankreich Anfang 2016 um die »Nuit debout«-Bewegung zu beobachten war, von multiethnischen Koalitionen begleitet sein. Gerade vor dem Hintergrund von ökonomischen Problemen, die ganze Schichten von einkommensschwachen Menschen betreffen könnten, sind solche Szenarien denkbar. In Frankreich hatten sich bei den Krawallen um die Reform des Arbeitsmarktes junge Linke mit maghrebinischen Jugendlichen und afrikanischen Einwanderern zusammengetan, um französische Innenstädte zu verwüsten und Polizisten anzugreifen.

Gerade kulturelle Faktoren wiegen sehr schwer bei der längerfristigen Auswahl von Kooperationspartnern solcher Aufstände. Sebastian KLÖSS, der an der HU Berlin zu »Repräsentationen sozialer Ordnungen im Wandel« forscht, weist darauf hin, daß z.B. die *Race Riots* von Notting Hill in Großbritannien im Jahr 1958 der Versuch waren, eine als gestört wahrgenommene soziale Ordnung wiederherzustellen. Während dieser Aufstände war es zunächst zu Auseinandersetzungen zwischen schwarzen Einwanderern aus der Karibik und subkulturell geprägten englischen Jugendlichen gekommen. Später griffen die Konflikte auch noch auf andere Teile der englischen Bevölkerung über. Währenddessen gab es dort eine strikte Trennung der Konfliktparteien durch ethnische Zugehörigkeit. Die Engländer empfanden die Anwesenheit der Schwarzen als störend, da diese als laut, ungepflegt und kriminell auffielen. Nach den ersten Angriffen auf Schwarze durch Engländer fingen dann die Einwanderer ihrerseits an, sich zu bewaffnen und so standen sich zwei ethnische Blöcke gegenüber, die jeweils ihre soziale Ordnung verteidigten, so Klöß. Die Engländer verteidigten vornehmlich ihre Konzeption von Sicherheit, Ruhe und Sauberkeit, wohingegen die darauf antwortenden karibischen Einwanderer ihre Sicherheit verteidigten, die sie wohlbegründet in Gefahr sahen. Die britische Öffentlichkeit und Politik wiederum sah den sozialen Frieden der Gesellschaft generell in Gefahr und verurteilte die Aufständischen, vor allem aber die Jugendlichen, die für die Ausschreitungen verantwortlich gemacht wurden.

Aufspaltungen von aufständischen Konfliktparteien nach Ethnien sind nichts Ungewöhnliches. Im Gegenteil: Allein die Liste ethnisch motivierter Aufstände in den USA ist riesig. Bei den »LA Riots« im Jahr 1992 hatten zunächst Schwarze, später dann auch Hispanier, vornehmlich die Geschäfte von Asiaten angegriffen, verwüstet und in Brand gesteckt. Häufig richten sich aber auch Protest und Gewalt gegen die Polizei, die die andere Ethnie vertritt. 2014 gab es im US-amerikanischen Ferguson Aufstände von Schwarzen nach dem Tod eines schwarzen Kriminellen, der von der Polizei erschossen wurde. Der daraus resultierende Protest richtete sich in erster Linie gegen die als rassistisch wahrgenommene Polizei. In Folge dieses Aufstandes sollte die »Black Lives Matter«-Bewegung entstehen, die heute eine große Rolle in der amerikanischen Öffentlichkeit spielt und strikt die Rechte von Schwarzen gegen tatsächliche und vermeintliche rassistische Gewalt von weißen Polizisten zu verteidigen vorgibt.

Mögliche Aufstände in Deutschland müssen allerdings nicht notwendigerweise ethnisch motiviert sein. Es ist denkbar, daß sich lokal Gewaltausbrüche des deutschen Bevölkerungsanteils gegen Regierungseinrichtungen wenden. Wenn einzelne Deutsche die soziale Ordnung derart bedroht sehen, daß für sie andere Abhilfe nicht möglich scheint, könnte es zu diesem Szenario kommen. Eine flächendeckende Ausbreitung dieser Aufstände mit anschließender Revolution erscheint zum jetzigen Zeitpunkt jedoch mehr als unwahrscheinlich. Zum einen fehlt es dazu an organisierten Kräften, die diese revolutionären Umwälzungen koordinieren könnten, zum anderen, was entscheidender ist, fehlt es dem deutschen Volk an revolutionärem Bewußtsein. Jenseits des bekannten Ausspruchs Lenins, daß eine deutsche Revolution am pflichtbewußten Fahrkartenkauf der Deutschen scheitern würde, mangelt es auch an tatsächlichen politischen Alternativen, die von einem signifikanten Bevölkerungsteil auch als solche eingeschätzt würden und die ohne eine Revolution nicht umsetzbar wären, was notwendige Bedingung für eine Massenerhebung wäre. Auch neigt eine Bevölkerung mit einem Durchschnittsalter von 45 Jahren nicht zur gewalttätigen Konfliktaustragung. Zusätzlich dazu kommen grundlegende menschliche psychologische Konstanten, wie etwa die, daß in der Krise Sicherheit – und nicht noch mehr Unsicherheit – gesucht wird. Sicherheit wird so lange durch Staat und Regierung vertreten, wie diese nicht einen flächendeckenden Verlust von Machtmitteln erleiden. Da in Deutschland aber im Großen und Ganzen staatliche Institutionen sehr gut funktionieren und auch prinzipiell genügend Polizeieinheiten und -technik vorhanden sind, um mit Unruheszenarien umzugehen, besteht kein Anlaß dazu, davon auszugehen, daß die Deutschen ein besonderes Interesse daran hätten, diesen Zustand gegen eine noch ungewissere Zukunft als die herausfordernde Gegenwart einzutauschen.

Anhänger dieses Szenarios übersehen überdies auch die Realitäten einer europäischen Lösung solcher Gewaltausbrüche. Für den Fall größerer Aufstände steht innerhalb der EU die *Eurogendfor (European Gendarmerie Force)* bereit. Diese 2006 aufgestellte Einheit verfügt über 800 aktive Militärpolizisten und 2.300 Reservisten aus Italien, Frankreich, Spanien, Portugal, den Niederlanden, Rumänien und Polen und ist jederzeit EU-weit einsetzbar. Die Truppe hat bereits Erfahrung in diversen Krisengebieten wie Bosnien und Herzegowina, Afghanistan, Haiti, der Zentralafrikanischen Republik, Mali und der Ukraine gesammelt. Ihre Aufgabe ist das sogenannte Krisenmanagement: Die Niederschlagung von Aufständen und die Gewährleistung und Wiederherstellung der öffentlichen Ordnung. Ferner sind am 30. Mai 1968 die deutschen Notstandsgesetze in Kraft getreten, die eine umfangreiche militärische Sicherung des deutschen Staatswesens regeln, vom Telefon- bis zum Straßenverkehr und zur Energieversorgung. Teil dieser verabschiedeten Notstandsgesetze waren auch Änderungen am Grundgesetz, wie etwa Artikel 87a, Absatz 4, der klar und deutlich einen Bundeswehreinsatz im Inneren erlaubt. Dort heißt es wörtlich: »Zur Abwehr einer drohenden Gefahr für den Bestand oder die freiheitliche demokratische Grundordnung des Bundes oder eines Landes kann die Bundesregierung (…) Streitkräfte zur Unterstützung der Polizei und des Bundesgrenzschutzes beim Schutze von zivilen Objekten und bei der Bekämpfung organisierter und militärisch bewaffneter Aufständischer einsetzen.«

Dies alles sollte verdeutlichen, daß eine »Revolution« in Deutschland nicht nur aufgrund eines Mangels an »Revolutionären«, sondern auch aufgrund einer Weigerung der Deutschen, sich in derartige Abenteuer zu stürzen und nicht zuletzt wegen der deutlichen polizeilichen und militärischen Macht des deutschen Staates und seiner europäischen Verbündeten aller Voraussicht nach nicht stattfinden wird. Wenn auch häufig Anleihen beim Regimesturz der DDR gemacht werden, wird ebenso häufig übersehen, daß die Voraussetzungen für einen Systemwandel dort gänzlich andere gewesen sind, als sie heute vorliegen. Die »friedliche Revolution« der DDR war keine Revolution im eigentlichen Sinne: Hätte es die Bundesrepublik nicht gegeben, die in der Lage war, die DDR in ihren Staat einzugliedern, hätte es nicht bereits Andeutungen in diese Richtung gegeben und die Aussicht darauf, nach der Abschaffung der DDR-Spitzen in diese Rechtsordnung mit ihren bestehenden Funktionseliten zu wechseln, wäre es zu dieser Erhebung so entweder nicht gekommen oder man hätte sie niedergeschlagen.

Eine andere Überlegung, die man diesbezüglich offenbar ebenso wenig anstellt, ist die der eigenen Personenstärke. Ließe man sämtliche staatlichen Interventionsmöglichkeiten mal beiseite und ginge davon aus, daß eine gewalttätige »Revolution« oder ein wie auch immer gearteter militanter Kampf gegen politische Gegner sinnvoll sei (eine Ansicht, die die Autoren nicht vertreten), dann hätte man, wenn man die Zahlen des Bundesamtes für Verfassungsschutz bemüht, knapp 10.000 gewaltorientierte Rechtsextremisten auf »seiner« Seite. Dem stünden allein 7.200 ebenso gewaltorientierte Linksextremisten gegenüber – plus 73.220 ausländische Extremisten und Islamisten: Eine zahlenmäßige Unterlegenheit von 8:1. Wenn man dann noch ethnische Loyalitäten bedenkt, die bei einer solchen Eskalation zu Buche schlagen würden und sich das Durchschnittsalter der aus Afrika und Asien stammenden Migranten ansieht (34 Jahre) und dies mit dem der deutschen Bevölkerung vergleicht (45 Jahre), dann sollte angesichts des hohen Bevölkerungsanteils, den diese Gruppe mittlerweile darstellt, klar sein, wohin die Reise gehen würde – gerade bei der zusätzlich hohen Anzahl junger Männer in deutschen Asylbewerberheimen, die teilweise bereits von Islamisten und Linken gegen Deutsche aufgehetzt wurden und die, wie auch andere Migranten in Deutschland im Großteil deutlich erfahrener im Umgang mit Gewalt und skrupelloser in der Anwendung derselben sind als Deutsche. Zynisch könnte man an dieser Stelle anmerken, daß – wenn überhaupt – jemand zu einer Revolution in Deutschland fähig wäre, es Linke und

Ausländer zusammen wären. Diese hätten aber mit den gleichen Machtmitteln des Staates zu rechnen und wären dabei ebenso wenig erfolgreich wie Deutsche.

Enklavenbildung

Viele wissenschaftliche Studien zum Zusammenleben in multiethnischen und multikulturellen Gesellschaften liegen vor und deuten einen klaren Trend an: Je heterogener eine Gesellschaft wird, desto rauher wird ihr soziales Klima. Die Gründe dafür sind vielfältig. Festhalten läßt sich jedenfalls mit großer Sicherheit, daß Vertrauen in das den Menschen umgebende soziale Umfeld eng mit ethnischen und kulturellen Zugehörigkeiten zusammenhängt. Ebenso deutlich ist der Zusammenhang zwischen interethnischer Gewalt und einer multiethnischen Gesellschaft. Gerade in den USA läßt sich dies sehr genau beobachten. Die Folge der hohen Gewaltaffinität junger muslimischer Männer in Deutschland ist ein Phänomen, das im anglo-amerikanischen Sprachraum als *White Flight* bezeichnet wird: der Wegzug von Weißen aus multiethnischen und multikulturellen Gebieten. Gerade in europäischen Metropolen, wie Berlin, Paris oder London ist dieses Phänomen zu beobachten. Noch bevor in London der islamische Bürgermeister Sadiq Khan ins Amt gewählt wurde, verließen 620.000 weiße Briten London – über einen Zeitraum von 2001 bis 2011. Damit fiel der Anteil der autochthonen britischen Bevölkerung in der Stadt von 58 auf 45 Prozent. Drei Millionen Menschen, die nicht in England geboren wurden, haben ihren Platz eingenommen. In Newham, East London, haben in dem zehnjährigen Zeitraum sogar 37,5 Prozent der weißen Briten den Stadtteil verlassen.

Für Deutschland gibt es solche Daten leider nicht. Allerdings lassen sich unterschiedliche Vermutungen anstellen: Das Bundesamt für Bevölkerungsforschung hat für 2014 Zahlen zur Binnenmigration innerhalb Deutschlands zur Verfügung gestellt, die nahe legen, daß der Osten Deutschlands für Westdeutsche immer interessanter wird. Die Abwanderung aus dem Gebiet der neuen Bundesländer ist gestoppt und nun setzt eine gegenteilige Bewegung ein. Gerade aus Nordrhein-Westfalen finden immer mehr Umzüge in den Osten der Republik statt. Ebenso beobachten Behörden zunehmend, wie deutsche Eltern verschiedenste Anstrengungen unternehmen, ihre Kinder nicht auf von Migranten dominierte Schulen schicken zu müssen. Dazu werden unterschiedliche Wege eingeschlagen: anwaltlicher Beistand, eine Anmeldung in anderen Orten, Privatschulen oder eben der Umzug in eine deutschere Gegend. Auslöser von *White Flight* sind in der Regel nicht große, länger anhaltende Gewaltausbrüche, sondern eher kleinere alltäglich wahrgenommene Belästigungen und Übergriffe sowie der schon angesprochene Vertrauensverlust in das nachbarschaftliche Umfeld, welcher die Lebensqualität der Betroffenen stark beeinflußt. Gegenden, aus denen heraus diese Wegzugsbewegungen stattfinden, werden in der Folge deutlich homogener, was z.B. im Fall einer muslimischen Mehrheitsbevölkerung in diesen Gebieten mit dem häufigen Herausbilden von Parallelgesellschaften einhergeht.

Race Riots, also die ethnokulturell motivierten Aufstände, können solche Entwicklungen noch beschleunigen und dadurch einen Verstärkungseffekt auf das gesellschaftliche Gewaltpotential ausüben: Durch die innerhalb von Parallelgesellschaften üblichen kulturellen Isolations- und religiösen Radikalisierungstendenzen wächst die soziale Kluft und somit auch die Gewaltbereitschaft gegenüber der Mehrheitsbevölkerung. In extremen Szenarien ist es daher prinzipiell vorstellbar, daß Terrororganisationen wie der *Islamische Staat* hierzulande entstehende muslimische Enklaven nutzen, um eine Adaption ihrer Eroberungsstrategie anzuwenden, die sie bereits in Nordafrika angewandt haben: In ihren Rückzugsgebieten bilden sie Kämpfer und Terroristen aus, die nach Nadelstichtaktik umliegende Dörfer und Städte angreifen, während Späher die leitenden Persönlichkeiten der nicht-muslimischen Mehrheit auskundschaften, die dann gezielt getötet werden. So vergrößert sich der Einflußbereich dieser Gruppen stetig und ihr Gewaltpotential potenziert sich damit weiter, solange keine militärische Intervention dem Ganzen ein Ende bereitet. In seinem Buch *Out of the Mountains. The Coming Age of the Urban Guerilla* (2013) äußerte der amerikanische Sicherheitsexperte Daivd KILCULLEN die Befürchtung, Kriege dürften in Zukunft nicht mehr in den afghanischen Bergen, sondern insbesondere in den Großstädten der Entwicklungsländer stattfinden. Durch die derzeitigen Massenmigrationen sind solche Zustände durchaus auch für Europa denkbar, sollte sich eine Globalisierung des Südens ereignen. Vom gegenwärtigen Zeitpunkt aus betrachtet, erscheint, was dieses allgemeine Szenario der Enklavenbildung anbelangt, allerdings eine anhaltende und weiter zunehmende Entwicklung des *White Flight* realistischer.

Sezession

Mehrere Ausgangspunkte könnten im Verlauf eines größeren Gewaltausbruchs zu Separationsbestrebungen einzelner Gebiete führen. Ein Teilzusammenbruch der staatlichen Ordnung etwa könnte die Ausrufung unabhängiger Staaten in Gebieten mit einem hohen Anteil homogener deutscher Bevölkerungsanteile zur Folge haben. Aber auch die beschriebenen Enklavenbildungen könnten die Ausrufung von z.B. islamischen Kalifaten oder Republiken auf muslimischem Territorium bedeuten. Wie die Bundesrepublik auf solche Unabhängigkeitsbestrebungen reagieren würde, ist höchst spekulativ. Handelt es sich bei dem auslösenden Moment tatsächlich um einen teilweisen Zusammenbruch der staatlichen Strukturen, wird sie diesen Bewegungen effektiv nicht viel entgegenzusetzen haben. Sind die staatlichen Organe noch weitgehend intakt, könnte sich dies anders gestalten. Für den Fall einer militärischen Rückeroberung von beispielsweise muslimischen autonomen Zonen wird darauf mit hoher Wahrscheinlichkeit mit Guerillaangriffen und Häuserkampf geantwortet werden, was die Bundeswehr in ihrer derzeitigen Verfassung zumindest an ihre Grenzen bringen würde und den Staatshaushalt belasten würde. Andererseits könnten separatistische Entwicklung auch zu einer Befriedung einer eskalierenden Lage beitragen, wie im Falle einer Sezession der neuen Bundesländer, die z.B. ihre innere Sicherheit selbst gewährleisten wollen, in Folge der BRD das Vertrauen entziehen und damit Grenzsicherung und Polizeiaufgaben selbst nach ihren eigenen Vorstellungen umsetzen. Auch dieses Szenario ist aber gegenwärtig sehr unrealistisch.

Bürgerkrieg

Kommt es zu einer weiteren Eskalation der politisch-gesellschaftlichen Situation in Deutschland, ist es denkbar, daß gewaltbereite politische Gruppen dazu übergehen, sich zu bewaffnen oder ihre bestehenden Waffenvorräte zum Einsatz zu bringen. Die Ziele der Angriffe sind dabei vielfältig und hängen vom jeweiligen ideologischen Kern dieser Gruppen und damit von ihren politischen Zielen ab.

Häufige Angriffsziele könnten dabei staatliche Institutionen und vor allem die Polizei sein. Aber auch Angriffe auf politische Gegner sind in einem solchen Szenario zu erwarten. Die daraus resultierenden Gewaltspiralen könnten Deutschland in einen Bürgerkrieg führen, gerade wenn die Ordnungsfunktion des Staates bereits geschwächt ist. In Deutschland sind vor allem Auseinandersetzungen in den Ballungsgebieten mit hoher ausländischer Bevölkerung zu befürchten. Großstädte wie Berlin, Frankfurt, Hamburg oder das Ruhrgebiet sind soziale Pulverfässer, die sich entzünden könnten, sobald flächendeckend Gewalt zwischen verschiedenen Gruppen ausbricht und staatliche Interventionen als immer weniger wirksam erscheinen. Doch auch hier muß auf die staatliche Ordnungsfunktion hingewiesen werden, die bereits im Abschnitt über die Möglichkeit von Aufständen und Revolution besprochen wurde: Geraten die Grundfesten der verfassungsmäßigen Ordnung in Gefahr, kann im Ernstfall Militär gegen diese Gruppen eingesetzt werden. Dieses sollte in der Lage sein, die Gewalt einzudämmen und die Ordnung wiederherzustellen, solange es keine autonomen Zonen gibt, in denen Kriegswaffen eine weite Verbreitung und Anwendung gefunden haben. Die Frage, wie mit den Konfliktparteien im Anschluß zu verfahren ist, kann wiederum die Grundlage für Diskussionen zur langfristigen Verhinderung derartiger Gewaltausbrüche darstellen, die beispielsweise auch darauf hinauslaufen kann, rechtsstaatliche Remigrationsprogramme anzustoßen. Jedoch kann hier nur die Einschätzung getroffen werden, daß Entwicklungen über Aufstände hinaus zum jetzigen Zeitpunkt ebenfalls als kaum realistisch zu gelten haben.

Ethnische Säuberung

Je nach Ausgangslage wäre es im Extremfall denkbar, daß es in Teilen Deutschlands zu ethnischen Säuberungen kommt. Entweder werden dabei Ausländer gewalttätig vertrieben – oder einheimische Deutsche. Für den Fall weitreichenderer Gewalt über ganz Europa hinweg, könnte dies z.B. zu einer Vertreibung der muslimischen Bevölkerung – oder im umgekehrten Fall zu Fluchtbewegungen von Europäern führen, die sich unter Umständen in neu entstehenden Gebietszusammenhängen zu neuen Staaten zusammenschließen. Diese Möglichkeiten bestehen zwar abstrakt und theoretisch, jedoch kaum praktisch und vor allem nicht zu diesem Zeitpunkt.

WANN ENDET DIE TOTALITÄRE MODERNE?

von Felix Menzel

1. Das Kennzeichen der totalitären Moderne ist das auf einer Fortschrittsideologie basierende Bestreben sich besonders frei fühlender, aber herkunftsschwacher Eliten und Bürger, imaginäre Realitäten zu verwirklichen. Es wird dabei sowohl ein Überwachungsstaat als auch die Auflösung der Gesellschaft in Kauf genommen. Diese größenwahnsinnigen Projekte scheitern deshalb eher an ihren eigenen Widersprüchen als am Widerstand oppositioneller Gruppen. Daß der multikulturalistische Globalismus der bundesrepublikanischen Eliten in einem Gewaltausbruch oder einer offenen Revolution endet, ist gegenwärtig aufgrund der personellen Schwäche der in Frage kommenden Aufständischen nicht zu erwarten. Sowohl qualitativ als auch quantitativ betrachtet, gibt es in Deutschland keine Gruppe, die das System erschüttern könnte.
2. An der tatsächlichen Wirklichkeit vorbeigehende Geschichts- und Zukunftskonstruktionen halten sich deshalb so hartnäckig, weil sie eine Entlastungsfunktion für den Menschen haben. Es ist einfacher, gemäß einer Utopie zu handeln, als sich dem Chaos der »Ersten Realität« (Eric VOEGELIN) zu stellen. Die gegenwärtige sanfte und weitestgehend friedliche Ausformung der totalitären Moderne sorgt nun aufgrund ihrer Realitätsverweigerung für eine ständige Verschleppung ungelöster Konflikte auf niedriger Flamme. Auch wenn es paradox klingt, wird diese Gesellschaft allerdings durch das derzeitige Maß an Kriminalität, Extremismus und Terrorismus sogar noch stabilisiert, weil die Regierungen so zur Ablenkung von den eigentlichen Existenzfragen einfache Feindbilder präsentieren können.
3. Währenddessen nimmt das gesellschaftliche Chaos von Jahr zu Jahr zu. Dies zeigt sich durch immer

instabilere Mehrheitsverhältnisse im Parlament und auf der Straße in Form von gewalttätigen Auseinandersetzungen zwischen Rechts- und Linksextremisten, Islamisten sowie Vertretern verschiedenster Ethnien (Nordafrikaner, Afghanen, Libanesen, Syrer, Türken, Kurden, ...). Der Endpunkt dieser Entwicklung wäre erreicht, wenn statt eines Umbruchs irgendwann festgestellt werden muß, daß sich in Deutschland niemand mehr dauerhaft an der Macht halten kann und niemand die Akzeptanz besitzt, die nötig ist, um den gesamtgesellschaftlichen Frieden zu bewahren.

4. Aufzuhalten sein wird diese »Globalisierung des Südens« nur mit äußerst unpopulären Maßnahmen einerseits und andererseits größter Milde. Zu den unpopulären Maßnahmen zählen eine europäische Abschottung, die Abschiebung nicht-integrierter Ausländer und die Reduzierung der interkontinentalen Migration auf ein vertretbares Maß, das erreicht sein wird, wenn nur noch Migranten der dauerhafte Aufenthalt in Deutschland gestattet wird, die selbst für ihren Lebensunterhalt sorgen können. Milde dagegen wird nötig sein, um das deutsche Volk wieder zu einen und basisdemokratische Mitspracherechte zu erweitern. Jeder Bürger, der in irgendwelche ideologischen Sackgassen gerannt ist, muß die Chance erhalten, diesem Land in Zukunft in positiver Weise dienen zu können.

5. Bei allen innen- und außenpolitischen Kämpfen verwischt seit einigen Jahrzehnten die Grenze zwischen Frieden und Krieg. Dies liegt an der Aufweichung und gleichzeitigen Ausweitung des Gewaltmonopols. Solange in Deutschland eine Existenzsicherung für alle weiterhin finanzierbar ist, dürfte es gelingen, den Bürgerkrieg immer wieder zu vertagen. Das heißt aber auch, daß sich der Tag der Eskalation ziemlich genau berechnen läßt. Bislang schafft es die alternde, deutsche Bevölkerungsmehrheit mit ihrer asketischen Arbeitsethik, alle wachsenden Minderheiten mitzuversorgen. Doch wie lange noch? Ändert sich nichts an der deutlich höheren Arbeitslosenquote bei diesen ethnischen Minderheiten, gerät der Sozialstaat aufgrund der Asyleinwanderung der letzten Jahre sowie des zu erwartenden Familiennachzugs an die Grenzen seiner Leistungsfähigkeit.

6. Die Frage ist nun, warum sich die Deutschen so wenig gegen diese Zukunft eines anstehenden Sisyphos-Daseins wehren? Die richtige Erklärung, die Deutschen seien eben ein unpolitisches Volk, reicht hier nicht aus. Auch der Hinweis auf die Demographie und damit die Überalterung der Deutschen hilft zwar weiter, rundet das Bild aber noch lange nicht ab. Im Westen hat sich vielmehr eine Ideologie der Gewaltverleugnung durchgesetzt, die Wehrhaftigkeit und jugendliche Vitalität unter Generalverdacht stellt. Zugrunde liegt dem die Angst, zwischen einer sinnstiftenden Gewalt und unmaskierter Brutalität zu unterscheiden. Wer hätte heute schon noch den Mut, wie einst Otto von Bismarck zu erklären, die »großen Fragen der Zeit« würden durch »Eisen und Blut« entschieden? Bismarck wies darauf bekanntlich nicht hin, um eine Gewaltherrschaft anzukündigen, aber ihm war bewußt, daß die Konflikte, die es nun einmal gibt, gelöst werden müssen und nicht »durch Reden oder Majoritätsbeschlüsse« vertagt werden dürfen.

7. Die fehlende Einsicht in das Wesen und die Notwendigkeit der Gewalt hat zu einem Verlust der Tugenden der Ritterlichkeit geführt. In der öffentlichen

Wahrnehmung übriggeblieben ist damit nur noch die Brutalität als ein »viehisches, rohes Betragen« (Meyers Konversations-Lexikon von 1888). Gerade das ist jedoch gefährlich, weil so die Rituale und strengen Regeln zur gerechtfertigten Ausübung von Gewalt ebenfalls attackiert werden, die gerade ihre Eindämmung bewirken.

8. Ein »Heroismus der Vernunft« weiß um die Notwendigkeit der monopolisierten Gewalt und das Recht des Bürgers zur Selbstverteidigung. Zugleich ist er eine Absage an jede Revolutionsromantik. Weder läßt sich eine Gesellschaft einfach so mit Hilfe einiger (natur-)wissenschaftlicher Methoden ewig verwalten, noch ist es möglich, die Geschichte in seinem eigenen Sinne zu planen. Wer sich dennoch dazu verführen läßt, bleibt gefangen im Denken der totalitären Moderne, das es mit Mut, Klugheit und Milde zu überwinden gilt.

9. Die Gefahr ist groß, daß dem utopischen Traum von der multikulturellen »One World« einfach andere realitätsferne Vorstellungen entgegengestellt werden. Das betrifft selbstverständlich auch die patriotische Opposition in Deutschland, in deren Reihen sich in den letzten Jahren zwei Hauptstrategien herauskristallisiert haben. Zum einen gibt es Vertreter, die auf einen Elitenaustausch auf parlamentarischem Weg hoffen und inhaltlich nicht viel mehr anzubieten haben als das Rückgängigmachen der Entwicklungen und Reformen der letzten 50 Jahre. Zum anderen erweckt der radikalere Flügel dieser patriotischen Opposition den Eindruck, ein Volksaufstand sei in Kürze durchführbar und könne es dann ermöglichen, alle Migrationsbewegungen nach Europa zu stoppen und eine massenhafte »Remigration« zu starten. Beide Konzepte haben eklatante Schwächen. Diese zu benennen, Lösungen zu formulieren und umzusetzen, ist jedoch der zweite vor dem ersten Schritt.

10. Denn bevor über Kurskorrekturen für die patriotische Opposition sowie die detaillierte Ausgestaltung ihres Weltbildes nachgedacht werden kann, ist zunächst ein doppelter Mut gefordert. Die soziale Ausgrenzung von Konservativen und Patrioten kann nur überwunden werden, wenn sich immer mehr Bürger öffentlich zu ihrer Vaterlandsliebe und der Ablehnung der Politik der etablierten Parteien bekennen. Als Teil einer schweigenden Mehrheit danach sozusagen auf der Seite der Nonkonformen mitzumachen, ist allerdings zu wenig. Inhaltlich und strukturell wird die patriotische Opposition nur vorankommen, wenn es Bürger gibt, die den Mut besitzen, sich zwischen alle Stühle zu setzen und mit ihren individuellen Fähigkeiten und Ideen daran mitwirken, aus dem Volk heraus Alternativen für das Volk in allen Lebensbereichen konkret umzusetzen.

11. Die so entstehende »Parallel-Polis« muß an ihrer Sprache und ihrem strikten Realitätsbezug erkennbar sein. Das erfordert eine Klugheit, die damit bricht, das Miteinander auf Basis einer Art Sozialphysik reglementieren zu wollen. Um den Zustand des vertagten Bürgerkriegs aufzulösen und die bestehenden Konflikte zwischen Linken und Rechten genauso wie zwischen Deutschen und Ausländern abzubauen, wird es nötig sein, jeden in die eigene Gemeinschaft aufnehmen zu wollen, der sich positiv einbringt. Das heißt aber, zugleich ein Verständnis für die Notwendigkeit der Grenzen dieser Gemeinschaft zu entwickeln und jeden dazu zu verpflichten, sie zu verteidigen.

Literaturempfehlungen

Hannah ARENDT: Elemente und Ursprünge totaler Herrschaft. Antisemitismus, Imperialismus, totale Herrschaft. Zuerst: 1951. München 2008.

Hannah ARENDT: Macht und Gewalt. Zuerst: 1970. München 2008.

Hannah ARENDT: Über das Böse. Eine Vorlesung zu Fragen der Ethik. Gehalten: 1965. München 2007.

Hannah ARENDT: Über die Revolution. Zuerst: 1963. München 2011.

Hannah ARENDT: Vita activa oder: Vom tätigen Leben. Zuerst: 1958. München 2007.

Jörg BABEROWSKI: Räume der Gewalt. Frankfurt/Main 2015.

Irenäus EIBL-EIBESFELDT: Wider die Mißtrauensgesellschaft. Streitschrift für eine bessere Zukunft. München 1997.

Hans Magnus ENZENSBERGER: Aussichten auf den Bürgerkrieg. Frankfurt/Main 1996.

Michel FOUCAULT: Geschichte der Gouvernementalität. Band I und II. Vorlesung von 1978. Berlin 2006.

Günter FRANKENBERG: Staatstechnik. Perspektiven auf Rechtsstaat und Ausnahmezustand. Berlin 2010.

Arnold GEHLEN: Moral und Hypermoral. Zuerst:

1969. Frankfurt/Main 1973.

Friedrich GENTZ: Revolution und Gleichgewicht. Politische Schriften. Waltrop und Leipzig 2010.

Václav HAVEL: Am Anfang war das Wort. Texte von 1969 bis 1990. Hamburg 1990.

Martin HEIDEGGER: Was heißt Denken? Vorlesung von 1951/52. Stuttgart 2015.

Edmund HUSSERL: Die Krisis der europäischen Wissenschaften und die transzendentale Phänomenologie. Vortrag von 1935. Hamburg 2012.

Ernst JÜNGER: Über den Schmerz. In: Blätter und Steine. Kleinere Schriften. Leipzig 1943.

David KILCULLEN: Out of the Mountains. The Coming Age of the Urban Guerilla. Oxford 2013.

Sebastian KLÖSS: Notting Hill Carnival. Die Aushandlung des Eigenen im multiethnischen Großbritannien seit 1958. Frankfurt/Main 2014.

Friedrich NIETZSCHE: Jenseits von Gut und Böse. Vorspiel einer Philosophie der Zukunft. Zuerst: 1886. Köln 2006.

Steven PINKER: Gewalt. Eine neue Geschichte der Menschheit. Frankfurt/Main 2011.

Helmuth PLESSNER: Grenzen der Gemeinschaft. Eine Kritik des sozialen Radikalismus. Zuerst: 1924. Berlin 2002.

Frank SALTER: On Genetic Interests. Family, Ethnicity, and Humanity in an Age of Mass Migration. Peter Lang Verlagsgruppe 2003.

Carl SCHMITT: Politische Theologie. Vier Kapitel zur Lehre von der Souveränität. Zuerst: 1922. Berlin 2009.

Carl SCHMITT: Legalität und Legitimität. Zuerst: 1932. Berlin 2005.

Peter SLOTERDIJK: Streß und Freiheit. Berlin 2011.

Wolfgang SOFSKY: Das Prinzip Sicherheit. Frankfurt/Main 2005.

Georges SOREL: Über die Gewalt. Zuerst: 1906. Berlin 1981.

Vladimir SOROKIN: Telluria. Köln 2015.

Eric VOEGLIN: Realitätsfinsternis. Berlin 2010.